구약
1
유치부 교사용

위대한 시작

The Gospel Project for Kids

가스펠 프로젝트

구약 1

위대한 시작

유치부 교사용

지은이 · LifeWay Kids / 옮긴이 · 권혜신 / 감수 · 김병훈, 이희성, 정희영

초판 발행 · 2017. 10. 18 / 2판 1쇄 발행 · 2024. 1. 3 / 등록번호 · 제1988-000080호
등록된 곳 · 서울특별시 용산구 서빙고로65길 38 / 발행처 · 사단법인 두란노서원
영업부 · 02) 2078-3352, 3452, 3752, 3781 / FAX 080-749-3705
편집부 · 02) 2078-3437
디자인 · 땅콩프레스 / 활동 연구 · 김찬숙, 민혜정, 박청아, 이향순, 진명선, 홍선아

책값은 뒤표지에 있습니다.
ISBN 978-89-531-4729-4 04230

홈페이지 · gospelproject.co.kr **두란노몰** · mall.duranno.com

차례

1단원 창조의 하나님

2단원 언약을 맺으시는 하나님

3단원 언약을 지키시는 하나님

이렇게 활용해 보세요!

단원 개요 1

'가스펠 프로젝트(하나님의 구원 계획)'의 연대기적 큰 흐름 속에서 각 단원과 각 과의 주제를 살펴봅니다.

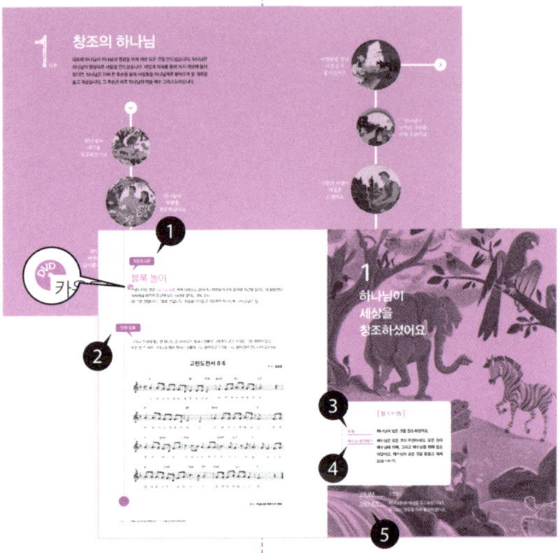

1 **카운트다운 :** 단원별로 제공되는 3분 카운트다운 영상으로, 장소를 옮기거나 시간을 구분 짓는 방법으로 활용할 수 있습니다.

2 **단원 암송 :** 단원의 핵심 메시지가 담긴 성경 구절입니다. 연령에 맞게 적절한 길이로 암기할 수 있도록 주요 어휘에 밑줄 표시를 해 두었습니다.

3 **주제 :** 각 과의 핵심 줄거리를 파악할 수 있습니다.

4 **예수님 생각하기 :** 성경 이야기에 담긴 복음을 발견하게 합니다. 모든 성경 이야기는 그리스도와 연결됩니다.

5 **성경의 초점 :** 본문과 관련된 성경의 중심 주제를 문답 형식으로 정리한 문장입니다. 단원별로 제시된 성경의 초점을 익히며 성경의 흐름을 이해하게 합니다.

DVD

＊지도자용 팩의 PC 전용 DVD-Rom에 영상, 그림, 음원, 악보, PPT 등의 자료가 있습니다.

말씀 묵상 2

말씀을 묵상하며 어떻게 가르칠 것인가를 기도로 준비합니다.

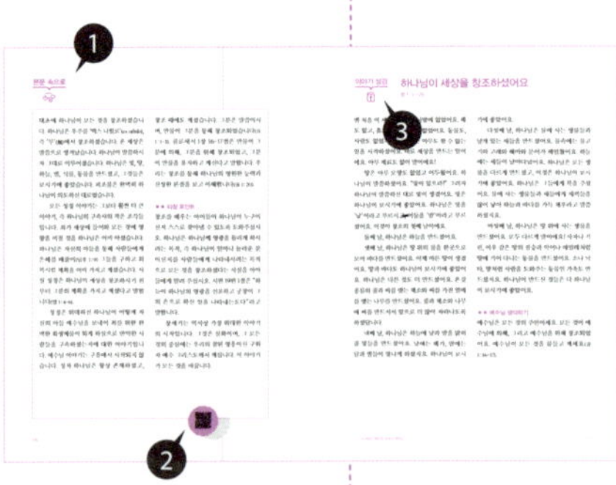

1 **본문 속으로 :** 이 과를 준비하며 묵상할 내용과 티칭 포인트를 제시합니다. 청장년용《가스펠 프로젝트》로 교사 소그룹 모임에서 더 깊은 묵상을 나누며 성경 읽기를 병행할 것을 권유합니다. 부모 소그룹 모임은 교회와 가정을 연계해 교육 효과를 더욱 높여 줄 것입니다.

2 **QR 코드 :** 가스펠 프로젝트 홈페이지(gospelproject.co.kr)에서 각 과별 교사 지도 가이드 동영상을 무료로 이용할 수 있습니다.

3 **이야기 성경 :** '가스펠 설교'에서 사용하는 구어체 설교입니다. 같은 내용의 영상이 지도자용 팩에 있습니다.

가스펠 준비 3

사전 활동을 살펴봅니다.

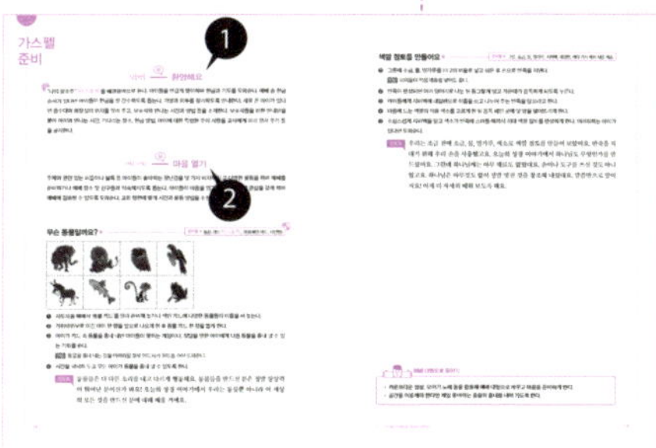

1 **싱글벙글 환영해요 :** 아이들을 맞이할 때 염두에 두어야 할 정보를 담았습니다.

2 **너랑 나랑 마음 열기 :** 이 과의 주제와 연결된 간단한 게임 활동을 소개합니다.

가스펠 설교 4

들어가기 – 성경 이야기 – 메시지와 정리 – 성경의 초점 – 복음 초청 – 기도 – 암송송에 이르는 설교 가이드입니다.

1 **들어가기 :** 도입 아이디어를 소개합니다.

2 **메시지와 정리 :** 각 과의 성경 이야기를 정리하고 연대표를 이용해 '가스펠 프로젝트(하나님의 구원 계획)'의 큰 흐름 속에서 이 과의 위치를 파악해 봅니다.

3 **복음 초청 :** 매주 복음을 전하고 영접 기도를 이끌 수 있는 초청 대화를 담았습니다.

4 **암송송 :** 단원의 핵심 메시지가 담긴 성경 구절을 쉽게 익힐 수 있도록 찬양과 손유희를 소개합니다.

가스펠 소그룹 5

알콩달콩 말씀 놀이 – 소곤소곤 꿀~꺽 간식 – 오순도순 마무리 순서로 진행되는 소그룹 가이드입니다.

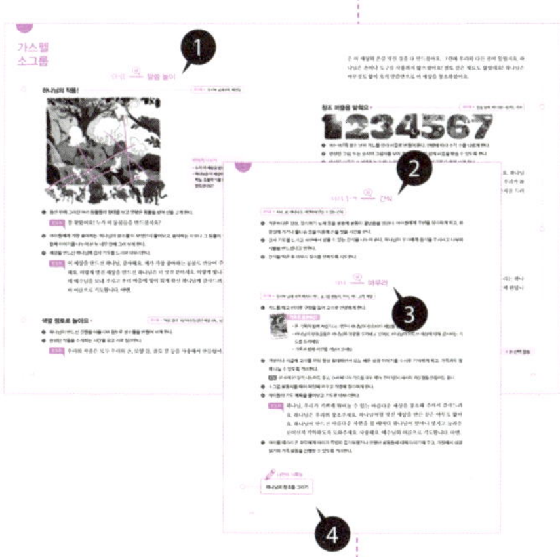

1 **알콩달콩 말씀 놀이 :** 성경 이야기에서 배운 내용들을 되새기며 즐겁게 놀이할 수 있는 다양한 활동을 소개합니다. 매 과의 첫 번째 활동에는 유치부 교재를 풍성하게 활용할 수 있는 교수 방법이 담겨 있습니다.

2 **소곤소곤 꿀~꺽 간식 :** 각 과에 어울리는 간식과 효과적인 간식 지도 방법을 소개합니다.

3 **오순도순 마무리 :** 메시지 카드(각 과의 핵심 내용과 가족과 함께하는 활동을 담은 카드)를 나누어 주고, 아이들이 활동한 자료를 파일에 정리한 후 기도로 마무리하는 과정을 안내합니다.

4 **나만의 기록장 :** 한 과를 정리하며 나 자신을 돌아보게 하는 활동입니다. 시간 여건에 맞게 활용할 수 있습니다.

발간사

이형기

두란노서원 원장

두란노서원을 통해 라이프웨이(LifeWay)의 《가스펠 프로젝트》 성경 공부 교재 시리즈를 발간할 수 있도록 인도하신 하나님께 감사드립니다. 험한 소리로 가득한 세상에 이 책을 디딧돌처럼 놓습니다. 우리 삶은 말씀을 만난 소리로 풍성해져야 합니다. 주님을 만난 기쁨의 소리, 진실 앞에서 탄식하는 소리, 죄를 씻는 울음소리, 소망을 품은 기도 소리로 가득해야 합니다.

《가스펠 프로젝트》는 신구약을 관통하는 예수 그리스도의 복음을 발견하고, 그 가르침을 삶에 적용하는 지혜를 얻도록 기획한 성경 공부 교재입니다. 어린아이부터 어른에 이르기까지 생애주기에 따른 복음 메시지를 잘 배울 수 있습니다. 또한, 거짓 진리가 미혹하는 이 시대에 건강한 신학과 바른 교리로 말씀을 조명하여 성도의 신앙이 좌로나 우로나 치우치지 않도록 돕습니다.

두란노서원은 지금까지 "오직 성경, 복음 중심, 초교파적 관점"을 바탕으로 한국 교회와 성도를 꾸준히 섬겨 왔습니다. 오직 성경의 정신에 입각해 책과 잡지를 출판해 왔으며, 성경에 근거한 복음 중심의 신학을 포기한 적이 없습니다. 그리고 교단과 교파를 초월하여 교회와 성도가 하나님 나라를 바라볼 수 있도록 돕기 위해 노력해 왔습니다. 《가스펠 프로젝트》는 두란노가 지켜 온 세 가지 가치를 충실하게 담은 책입니다.

성경은 구원을 위한 책이며, 구원사의 주인공은 예수 그리스도입니다. 창세기부터 요한계시록까지 오직 예수 그리스도의 복음만을 전하는 《가스펠 프로젝트》 성경 공부 교재를 통해 복음의 은혜와 진리를 깊이 경험하고, 복음 중심의 삶이 마음 판에 새겨지기를 바랍니다. 그리고 예수 그리스도 복음에 굳게 선 한 사람의 영향력이 가정과 교회와 사회에 흘러감으로써 거룩한 하나님 나라가 확산되어 가기를 소망합니다.

감수사

김병훈
합동신학대학원대학교
조직신학 교수

두란노가 출간하는《가스펠 프로젝트》는 무엇보다도 전통적으로 교회가 풀어 온 흐름을 충실히 따라 성경을 해설하고 있습니다. 그리고 그 방향은 궁극적으로 예수 그리스도를 향해 나아가고 있습니다. 이것은 예수님이 구약과 신약의 모든 성경이 자신을 가리키고 있다고 하신 말씀에 비추어 매우 타당한 것입니다. 게다가 그리스도 중심적 해설을 무리하게 전개하지 않습니다. 각 본문에서 하나님의 구원 언약과 그것을 실현하시는 하나님을 드러내면서, 그리스도의 예표적 설명이 가능한 사건을 놓치지 않고 풀어내고 있습니다.

성경 공부 교재는 명시적으로 혹은 암시적으로 제시하는 교리적 진술이 교리 체계상 건전해야 합니다.《가스펠 프로젝트》는 99개 조에 이르는 핵심 교리를 일목요연하게 제시하여 교리의 건전성을 확인할 수 있도록 도움을 줍니다.《가스펠 프로젝트》의 교리는 교파를 막론하고, 예수 그리스도의 복음에 충실한 복음주의 교회들에게 환영받을 만합니다. 물론 교파마다 약간의 이견을 갖는 부분들이 있을 수 있겠지만, 각 교회에서 교재를 활용하는 데에 무리가 없을 것입니다.《가스펠 프로젝트》의 특징은 각 과에서 학습한 내용을 핵심 교리와 연결해 주며, 그 결과 그리스도의 복음에 관련한 교리적 이해를 강화시킨다는 데에 있습니다.

끝으로《가스펠 프로젝트》는 어떤 성경 주해서나 교리 학습서가 갖지 못하는 훌륭한 장점을 가지고 있습니다. 그것은 학습자를 하나님과 그리스도의 복음 앞으로 이끌며, 자신의 신앙과 삶을 돌아보도록 하는 적용의 적실성과 훈련의 효과입니다. 아울러 본문과 관련한 교회사적으로 또 주석적으로 중요한 신학자와 목사의 어록을 제시하고, 심화 토론을 위한 질문을 달아 주고, 선교적 안목을 열어 주는 적용 질문들을 더해 준 것은《가스펠 프로젝트》에서 얻을 수 있는 커다란 유익입니다.

추천할 만한 마땅한 성경 공부 교재를 찾기가 쉽지 않은 현실에서《가스펠 프로젝트》는 성경을 개괄적으로 매주 한 과씩 3년의 기간 동안 일목요연하게, 그리고 그리스도 중심적으로 공부하도록 이끌어 준다는 점에서, 한국 교회의 기초를 성경 위에 놓는 일에 커다란 공헌을 할 것으로 믿어 의심치 않습니다.

이희성

총신대학교
신학대학원
구약학 교수

"보라 날이 이를지라 내가 기근을 땅에 보내리니 양식이 없어 주림이 아니며 물이 없어 갈함이 아니요 여호와의 말씀을 듣지 못한 기갈이라"(암 8:11). 주전 8세기 아모스 선지자의 외침이 오늘 이 시대에 다시 메아리쳐 오고 있습니다. 두란노의 《가스펠 프로젝트》는 성도들이 겪고 있는 영적인 갈증과 혼란을 해소해 줄 수 있는 유익한 성경 공부 교재입니다.

첫째, 《가스펠 프로젝트》는 성경 전체 흐름과 문맥에 따라 구성되어 성경의 큰 그림을 볼 수 있도록 도와줍니다. 또 성경 각 본문의 의미를 깊이 이해할 수 있도록 해당 분야의 전문 성경 신학자들의 주석적 견해를 잘 소개하고 있습니다. 둘째, 본문 연구와 함께 관련 핵심 교리를 적절하게 소개하여 성경과 교리를 연결할 수 있습니다. 또 모든 세션에서 그리스도와의 연결점을 찾아 제시함으로써 구약 본문을 통해서도 복음을 깨달을 수 있습니다. 성경 공부 전 과정을 마치면 성도들이 복음에 대한 견고한 믿음을 가지게 될 것입니다. 셋째, 성경 공부 적용의 초점을 선교에 맞추어 성도들이 삶의 현장에서 복음의 증인으로서의 사명을 감당할 수 있게 도와줍니다. 마지막으로 주일학교에서 장년에 이르기까지 동일한 주제와 본문으로 성경을 공부하도록 구성하였기 때문에 모든 교인이 한 말씀 안에서 한 믿음의 공동체를 이루며 성숙해 가는 영적 부흥을 경험하게 될 것입니다.

두란노의 《가스펠 프로젝트》를 통해 말씀이 갈급한 기근의 시대에 영적 해갈의 기쁨을 경험하시기 바랍니다.

정희영

총신대학교
유아교육과 교수

《가스펠 프로젝트》 유치부 교재는 유아의 특성에 맞게 그림과 활동으로 구성되어 있으며, '이야기 나누기'를 통해 성경 이야기를 복습함으로써 성경에 대한 이해와 기억을 돕고 있습니다. 교사용 교재는 교사가 성경 이야기를 쉽게 설명할 수 있도록 '가스펠 준비', '가스펠 설교', '가스펠 소그룹'의 단계로 나누어 진행 방법을 소개하고 있습니다. 특별히 성경 이야기를 나누기 전에 '본문 속으로'를 통해 교사들이 아이들에게 가르쳐야 하는 성경의 내용을 이해하고 숙지하도록 중요한 부분을 설명해 주고, '티칭 포인트'에서 다시 한 번 핵심이 무엇인지 강조해 줍니다. 또한 홈페이지에서 '교사 지도 가이드' 영상을 제공하여 영상 세대 교사들이 쉽고 친근한 자료로 교사 교육의 시공간적 한계를 극복하도록 도움을 주고 있습니다.

이러한 교재의 구성은 유아의 발달 특징을 잘 고려한 것이며, 성경을 잘 모르는 교사들도 성경 이야기를 왜곡되지 않게 잘 이해해 아이들에게 효율적으로 나눌 수 있게 했다는 특징을 지닙니다. 이는 다른 성경 공부 교재들과 차별되는 특징으로써 《가스펠 프로젝트》가 좋은 성경 공부 교재임을 보여 줍니다.

《가스펠 프로젝트》의 내용 가운데 구약은 창세기부터 시작해 말라기에 이르기까지의 내용을 "위대한 시작", "하나님의 구출 계획", "약속의 땅", "왕국의 설립", "선지자와 왕", "돌아온 하나님의 백성" 등으로 나누어 다루고 있습니다. 대부분의 유치부 성경 공부 교재가 구약의 사건을 이야기 중심으로 가르치는 반면, 《가스펠 프로젝트》는 사건의 흐름에 맞추어 성경의 핵심 교리를 가르치되 유아의 발달 상황을 고려해 구성했습니다. 유아들에게 교리는 어렵다는 생각에서 탈피해 그들의 영성을 고려해 내용을 구성한 점은 《가스펠 프로젝트》의 장점이라고 할 수 있습니다.

《가스펠 프로젝트》의 또 다른 장점은 '가스펠 설교'를 마무리할 때 예수 그리스도께 초점을 맞추고 있다는 점입니다. 구약은 오실 예수 그리스도에 대한 예표요, 신약은 오신 예수 그리스도에 대한 사건을 기록하고 있다는 점에서 예수 그리스도께서 성경의 주인이심을 잘 표현하고 있습니다.

현재 우리나라의 출산율은 OECD 국가 가운데 최하위를 차지하고 있으며, 교회의 주일학교는 반 이상이 줄어든 상황입니다. 이러한 위기 속에서 언약 백성으로 다음 세대를 잘 양육해야 할 책임이 있는 교회와 그리스도인 부모, 교사들에게 《가스펠 프로젝트》는 이 시대에 부응하는 효율적이며 영향력 있는 좋은 성경 공부 교재가 될 것입니다.

《가스펠 프로젝트》는 한 영혼, 한 영혼을 향한 하나님의 멈추지 않는 사랑을 전하며, 아들을 내어 주신 아버지 하나님의 놀라운 구원 계획에 눈뜨게 하는 교재입니다. 성경을 꿰뚫는 변함없는 메시지, 예수 그리스도를 만날 수 있는 교재입니다. 유익한 활동과 흥미로운 반복 학습을 통해 기독교 핵심 주제를 접하고, 말씀을 가까이하며 가족과 묵상을 나누도록 이끄는 방식에 기대가 큽니다. 다양한 소재의 동영상과 그림 자료는 시청각 자료가 부족한 교육 현장에 큰 활력을 불어넣어 줄 것입니다. 교재 내용에 맞게 창작된 찬양은 곡조가 있는 산 기도를 체험하게 도와줄 것입니다. 무미건조한 습관적 예배, 아이들과 소통하지 못해 안타까워했던 부모와 교사, 다음 세대를 걱정하는 교회 지도자들에게 이 교재를 추천합니다.

김요셉 _ 중앙기독학교 교목, 원천침례교회 목사

추천사

우리 시대의 전 세계적 교회 부흥은 두 가지 샘을 갖고 있습니다. 한 샘은 오순절 부흥 운동의 샘입니다. 이 샘으로 많은 시대의 목마른 영혼들이 목마름을 해갈했습니다. 또 하나의 샘은 성경 연구의 샘입니다. 남침례교 주일학교 운동은 이 샘의 개척자입니다. 이 샘으로 지금도 많은 성도가 목마름을 해갈하고 있습니다. 미국 남침례교 라이프웨이 출판사는 이러한 사역을 충실히 감당해 왔습니다. 《가스펠 프로젝트》는 모든 필요를 공급하는 원천이 될 것입니다. 《가스펠 프로젝트》는 쉬우면서도 결코 피상적이지 않습니다. 믿음의 단계를 따라 하나님의 자녀들에게 꼭 필요한 복음의 진수를 맛보게 해 줄 것입니다.

이동원 _ 지구촌교회 원로 목사, 지구촌 미니스트리 네트워크 대표

《가스펠 프로젝트》는 예수 그리스도를 중심으로 성경을 배웁니다. 성경이 어떻게 그리스도와 연결되어 있는지, 또 성도의 삶이 하나님의 구원 계획에 어떻게 연결되어야 하는지 구체적으로 제시합니다. 특히 《가스펠 프로젝트》는 하나의 본문으로 각 연령에 맞게 구성한 교재를 제공하여 하나의 본문으로 전 세대를 연결하고, 가정과 교회를 하나 되게 합니다. 신앙의 전수가 중요한 시대에 성도와 교회와 가정이 한마음으로 다음 세대를 준비시키기에 적합합니다. 특히 가정에서 부모가 자녀와 말씀으로 대화를 나눌 수 있게 하여 자녀 신앙 교육에 도움이 될 것입니다.

이재훈 _ 온누리교회 담임 목사

《가스펠 프로젝트》를 펼치는 순간 가슴이 뛰었습니다. 이 시대를 살아가는 모든 그리스도인에게 꼭 필요한 성경의 핵심적 내용을 쉬우면서도 흥미로운 설명으로 펼쳐 내면서 성경을 깊이 알아 가는 기쁨과 구체적인 적용을 돕고 있기 때문입니다. 무엇보다도 가장 뛰어난 점은, 성경의 중심이 되는 예수님을 충실하게 드러낸다는 점입니다. 복음 프로젝트를 성실하게 따라가다 보면 예수님을 통해 완성하시는 하나님의 구원 역사 프로젝트가 드러날 것이고, 나아가 하나님 나라가 우리 삶에 한층 가까워질 것입니다. 이 시리즈를 통해 체계적인 '가정 제자 훈련'과 '성경 공부'를 정착시켜 한국 교회와 이민 교회에 거룩한 부흥의 불길이 일어나기를 기대합니다.

류응렬 _ 와싱톤중앙장로교회 담임 목사, 고든콘웰신학대학원 객원 교수

《가스펠 프로젝트》 유치부 교재는 유아에게 성경을 좀 더 효과적으로 가르칠 수 있도록 돕는 교재입니다. 성경 전체에서 끊임없이 말하고 있는 '예수 그리스도'를 유아기에 꼭 맞는 교수 방법으로 소개해 유아에게 예수님과의 행복한 만남을 선물할 것입니다. 또한 《가스펠 프로젝트》는 가정과의 연계 교육이 매우 중요한 유아기에 부모와 긴밀하게 상호 작용할 수 있도록 구성되어 있습니다. 전 연령에 맞는 교재가 구비되어 있기 때문에 모든 가족, 더 나아가 모든 교회의 구성원이 같은 말씀으로 대화를 나눌 수 있습니다. 이 교재를 통해 다음 세대가 인생에 꼭 필요한 '예수 그리스도의 복음'의 토대 위에서 은혜 안에 자라 가기를 바랍니다.

이영희 _ 카도쉬비전센터 이스라엘교육연구원 대표, 《토라 태교》 저자

두란노서원은 오랫동안 어린이용 성경 큐티 자료집의 발간을 통해 어린이들이 가정에서 부모와 함께 성경을 읽고 묵상할 수 있는 주요한 사역을 감당해 왔습니다. 이제 두란노서원의 《가스펠 프로젝트》의 발간으로 아이들이 교회에서는 교회학교 교사와, 가정에서는 부모와 성경을 공부해 복음적 삶의 변화를 가져올 수 있게 됨을 축하합니다. 《가스펠 프로젝트》는 교회학교 교사가 아이들에게 말씀을 효과적으로 가르칠 수 있는 교수 매체로서, 아이들과 함께 다양한 놀이 및 활동을 할 수 있도록 안내합니다. 유치부가 사용할 교재의 삽화는 성경의 주요 본문에 가까워 성경의 본문 내용을 이해하도록 하는 데 도움을 줍니다. 또한 활동 자료는 아이들의 발달 수준에 적절합니다. 《가스펠 프로젝트》를 사용하는 교회학교 교사, 부모, 아이들이 예수 그리스도를 배우고 본받아 하나님이 주신 사명을 실천할 수 있기를 바랍니다.

장화선 _ 안양대학교 기독교교육과 교수

1 단원

창조의 하나님

태초에 하나님이 하나님의 영광을 위해 세상 모든 것을 만드셨습니다. 하나님은 하나님의 형상대로 사람을 만드셨습니다. 아담과 하와를 통해 죄가 세상에 들어왔지만, 하나님은 이미 한 후손을 통해 사람들을 하나님께로 돌아오게 할 계획을 품고 계셨습니다. 그 후손은 바로 하나님의 아들 예수 그리스도이십니다.

하나님이 세상을 창조하셨어요

하나님이 사람을 창조하셨어요

죄가 세상에 들어왔어요

바벨탑을 쌓던
사람들이
흩어졌어요

하나님이
노아와 가족을
구해 주셨어요

가인과 아벨이
제물을
드렸어요

카운트다운

블록 놀이

DVD 카운트다운 영상(지도자용 팩)은 예배 대형으로 모이거나 대형을 바꾸며 준비할 시간을 알리는 데 활용한다.
익숙해질 때까지 중간에 남은 시간을 알리는 것도 좋다.
예) "1분 전입니다", "30초 전입니다. 마음을 가다듬고 기도하며 하나님께 나아갑시다" 등.

단원 암송

그러나 우리에게는 한 하나님 곧 아버지가 계시니 만물이 그에게서 났고 우리도 그를 위하여 있고
또한 한 주 예수 그리스도께서 계시니 만물이 그로 말미암고 우리도 그로 말미암아 있느니라(고전 8:6).

고린도전서 8:6

편곡 : **김효정**

원곡 : **아름다운 이야기가 있네**

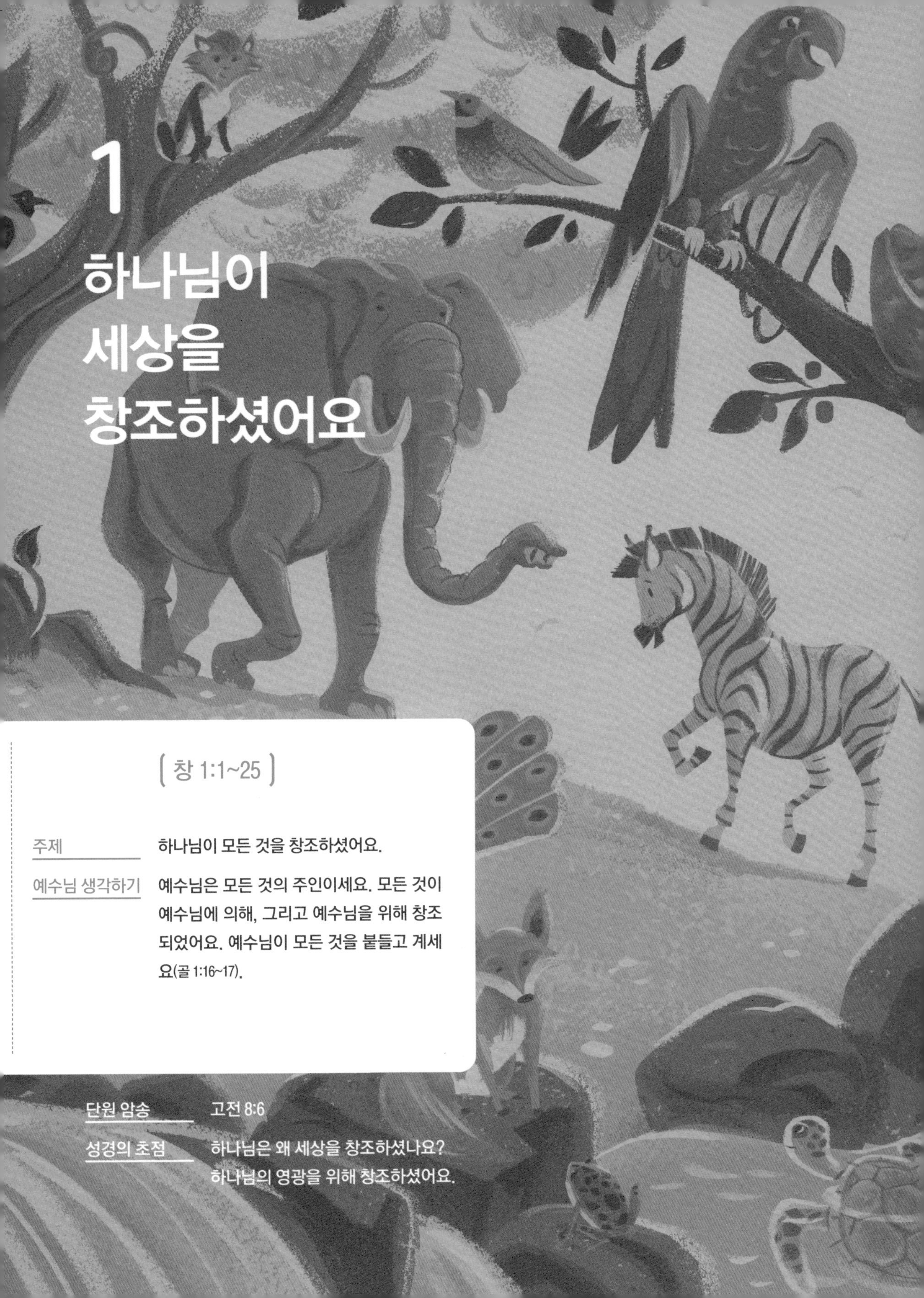

1

하나님이 세상을 창조하셨어요

[창 1:1~25]

주제	하나님이 모든 것을 창조하셨어요.
예수님 생각하기	예수님은 모든 것의 주인이세요. 모든 것이 예수님에 의해, 그리고 예수님을 위해 창조되었어요. 예수님이 모든 것을 붙들고 계세요(골 1:16~17).
단원 암송	고전 8:6
성경의 초점	하나님은 왜 세상을 창조하셨나요? 하나님의 영광을 위해 창조하셨어요.

본문 속으로

태초에 하나님이 모든 것을 창조하셨습니다. 하나님은 우주를 '엑스 니힐로'(*ex nihilo*), 즉 '무'(無)에서 창조하셨습니다. 온 세상은 말씀으로 생겨났습니다. 하나님이 말씀하시자 그대로 이루어졌습니다. 하나님은 빛, 땅, 하늘, 별, 식물, 동물을 만드셨고, 그것들은 보시기에 좋았습니다. 피조물은 완벽히 하나님이 의도하신 대로였습니다.

모든 성경 이야기는 그보다 훨씬 더 큰 이야기, 즉 하나님의 구속사의 작은 조각들입니다. 죄가 세상에 들어와 모든 것에 영향을 미칠 것을 하나님은 이미 아셨습니다. 하나님은 자신의 아들을 통해 사람들에게 은혜를 베풀어(딤후 1:9) 그들을 구하고 회복시킬 계획을 이미 가지고 계셨습니다. 사실 성경은 하나님이 세상을 창조하시기 전부터 그분의 계획을 가지고 계셨다고 말합니다(엡 1:4~6).

성경은 위대하신 하나님이 어떻게 자신의 아들 예수님을 보내어 죄를 위한 완벽한 희생제물이 되게 하심으로 반역한 사람들을 구속하셨는지에 대한 이야기입니다. 예수님 이야기는 구유에서 시작되지 않습니다. 성자 하나님은 항상 존재하셨고, 창조 때에도 계셨습니다. 그분은 말씀이시며, 만물이 그분을 통해 창조되었습니다(요 1:1~3). 골로새서 1장 16~17절은 만물이 그분에 의해, 그분을 위해 창조되었고, 그분이 만물을 유지하고 계신다고 말합니다. 우리는 창조를 통해 하나님의 영원한 능력과 신성한 본질을 보고 이해합니다(롬 1:20).

●● 티칭 포인트

창조를 배우는 아이들이 하나님이 누구이신지 스스로 찾아낼 수 있도록 도와주십시오. 하나님은 하나님께 영광을 돌리게 하시려는 목적, 즉 하나님이 얼마나 놀라운 분이신지를 사람들에게 나타내시려는 목적으로 모든 것을 창조하셨다는 사실을 아이들에게 알려 주십시오. 시편 19편 1절은 "하늘이 하나님의 영광을 선포하고 궁창이 그의 손으로 하신 일을 나타내는도다"라고 말합니다.

창세기는 역사상 가장 위대한 이야기의 시작입니다. 그것은 실화이며, 그 모든 것의 중심에는 우리의 참된 영웅이신 구원자 예수 그리스도께서 계십니다. 이 이야기가 모든 것을 바꿉니다.

이야기 성경

하나님이 세상을 창조하셨어요

창 1:1~25

맨 처음 이 세상에는 하나님밖에 없었어요. 해도 없고, 흙도 없고, 시내도 없었어요. 동물도, 사람도 없었지요. 하나님은 아무도 할 수 없는 일을 시작하셨어요. 바로 세상을 만드는 일이에요. 아무 재료도 없이 말이에요!

땅은 아무 모양도 없었고 어두웠어요. 하나님이 말씀하셨어요. "빛이 있으라!" 그러자 하나님이 말씀하신 대로 빛이 생겼어요. 빛은 하나님이 보시기에 좋았어요. 하나님은 빛을 '낮'이라고 부르시고, 어둠을 '밤'이라고 부르셨어요. 이것이 창조의 첫째 날이에요.

둘째 날, 하나님은 하늘을 만드셨어요.

셋째 날, 하나님은 땅 위의 물을 한곳으로 모아 바다를 만드셨어요. 이제 마른 땅이 생겼어요. 땅과 바다도 하나님이 보시기에 좋았어요. 하나님은 다른 것도 더 만드셨어요. 온갖 종류의 풀과 씨를 맺는 채소와 씨를 가진 열매를 맺는 나무를 만드셨어요. 풀과 채소와 나무에 씨를 만드셔서 앞으로 더 많이 자라나도록 하셨답니다.

넷째 날, 하나님은 하늘에 낮과 밤을 밝혀 줄 빛들을 만드셨어요. 낮에는 해가, 밤에는 달과 별들이 빛나게 하셨지요. 하나님이 보시기에 좋았어요.

다섯째 날, 하나님은 물에 사는 생물들과 날개 있는 새들을 만드셨어요. 물속에는 물고기와 고래와 해마와 문어가 헤엄쳤어요. 하늘에는 새들이 날아다녔어요. 하나님은 모든 생물을 다르게 만드셨고, 이것은 하나님이 보시기에 좋았어요. 하나님은 그들에게 복을 주셨어요. 물에 사는 생물들과 새들에게 새끼들을 많이 낳아 하늘과 바다를 가득 채우라고 말씀하셨지요.

여섯째 날, 하나님은 땅 위에 사는 생물을 만드셨어요. 모두 다르게 말이에요! 사자나 기린, 여우 같은 땅의 짐승과 악어나 애벌레처럼 땅에 기어 다니는 동물을 만드셨어요. 소나 낙타, 양처럼 사람을 도와주는 동물인 가축도 만드셨지요. 하나님이 만드신 것들은 다 하나님이 보시기에 좋았어요.

●● 예수님 생각하기

예수님은 모든 것의 주인이세요. 모든 것이 예수님에 의해, 그리고 예수님을 위해 창조되었어요. 예수님이 모든 것을 붙들고 계세요(골 1:16~17).

가스펠 준비

싱글벙글 환영해요

"나의 창조주"(지도자용 팩)를 배경음악으로 튼다. 아이들을 반갑게 맞이하며 헌금과 기도를 도와준다. 예배 중 헌금 순서가 있다면 아이들이 헌금을 잘 간수하도록 돕는다. 가방과 외투를 정리하도록 안내한다. 새로 온 아이가 있다면 음수대와 화장실의 위치를 알려 주고, 보호자와 만나는 시간과 방법 등을 소개한다. 보호자들을 위한 안내문을 붙여 아이와 만나는 시간, 기다리는 장소, 헌금 방법, 아이에 대한 특별한 주의 사항을 교사에게 미리 알려 주기 등을 공지한다.

너랑 나랑 마음 열기

주제와 관련 있는 퍼즐이나 블록 등 아이들이 좋아하는 장난감을 몇 가지 비치해 두고 다양한 활동을 하며 예배를 준비하거나 예배 장소 및 친구들과 익숙해지도록 돕는다. 아이들이 마음을 열고 오늘의 주제에 관심을 갖게 하며 예배에 집중할 수 있도록 도와준다. 교회 형편에 맞게 시간과 활동 방법을 조절한다.

무슨 동물일까요?*

준비물 ▶ 동물 카드(지도자용 팩), 가위(색인 카드, 사인펜)

❶ 지도자용 팩에서 '동물 카드'를 잘라 준비해 놓거나 색인 카드에 다양한 동물들의 이름을 써 놓는다.

❷ 가위바위보로 이긴 아이 한 명을 앞으로 나오게 한 후 동물 카드 한 장을 뽑게 한다.

❸ 아이가 카드 속 동물을 흉내 내면 아이들이 맞히는 게임이다. 정답을 말한 아이에게 다음 동물을 흉내 낼 수 있는 기회를 준다.

tip 동물을 흉내 내는 것을 어려워할 경우 인도자가 힌트를 주어 도와준다.

❹ 시간을 넉넉히 두고 모든 아이가 동물을 흉내 낼 수 있도록 한다.

인도자 동물들은 다 다른 소리를 내고 다르게 행동해요. 동물들을 만드신 분은 정말 상상력이 뛰어난 분이신가 봐요! 오늘의 성경 이야기에서 우리는 동물뿐 아니라 이 세상의 모든 것을 만드신 분에 대해 배울 거예요.

색깔 점토를 만들어요 *

준비물 ▶ 그릇, 소금, 물, 밀가루, 지퍼백, 네임펜, 여러 가지 색의 식용 색소

❶ 그릇에 소금, 물, 밀가루를 1:1:2의 비율로 넣고 섞은 후 손으로 반죽을 치댄다.

tip 아이들이 직접 재료를 넣어도 좋다.

❷ 반죽이 완성되면 여러 덩어리로 나눈 뒤 동그랗게 빚고 가운데가 옴폭하게 되도록 누른다.

❸ 아이들에게 지퍼백에 네임펜으로 이름을 쓰고 나누어 주는 반죽을 담으라고 한다.

❹ 마음에 드는 색깔의 식용 색소를 고르게 한 뒤 옴폭 패인 곳에 몇 방울 떨어뜨리게 한다.

❺ 조심스럽게 지퍼백을 닫고 색소가 반죽에 스며들 때까지 치대 색깔 점토를 완성하게 한다. 어려워하는 아이가 있다면 도와준다.

인도자 우리는 조금 전에 소금, 물, 밀가루, 색소로 색깔 점토를 만들어 보았어요. 반죽을 치대기 위해 우리 손을 사용했고요. 오늘의 성경 이야기에서 하나님도 무엇인가를 만드셨어요. 그런데 하나님께는 아무 재료도 없었대요. 손이나 도구를 쓰신 것도 아니었고요. 하나님은 아무것도 없이 정말 멋진 것을 창조해 내셨대요. 말씀만으로 말이지요! 이제 더 자세히 배워 보도록 해요.

예배 대형으로 모이기

- 카운트다운 영상, 모이기 노래 등을 활용해 예배 대형으로 바꾸고 마음을 준비하게 한다.
- 공간을 이동해야 한다면 제일 좋아하는 동물의 흉내를 내며 가도록 한다.

가스펠 설교

하나 — 들어가기

준비물 ▶ 성경, 다양한 그림책

성경과 다양한 그림책을 보여 주며 아이들에게 어떤 이야기를 가장 좋아하는지 물어본다.

누구나 좋아하는 이야기가 있지요? 그런데 여러분, 이 사실 알아요? 성경에 있는 하나님의 이야기가 이 세상 모든 이야기 중에서 제일 위대한 이야기라는 것 말이에요! 대부분의 이야기들은 사람들이 만든 거예요. 실제로 있었던 일이 아니지요. 하지만 성경에 있는 하나님의 이야기는 전부 진짜예요! 정말 일어난 일이랍니다.

둘 — 성경 이야기

DVD 창세기 1장을 편다. 설교 영상(지도자용 팩)을 보여 주거나 이야기 성경을 들려준다.

하나님이 세상을 창조하신 이야기는 성경 맨 앞에 있는 '창세기'에 나와요.

셋 — 메시지와 정리

우와! 하나님은 이 세상 모든 것을 6일 만에 만드셨군요! 맨 처음 이 세상에는 하나님 외에 아무것도 없었어요. 그런데 **하나님이** 아무 재료도 없이 **모든 것을 창조하셨지요.** 하나님은 오직 말씀만으로 세상을 창조하셨어요.

DVD 연대표(지도자용 팩)를 가리키면서 복습 질문을 한다.

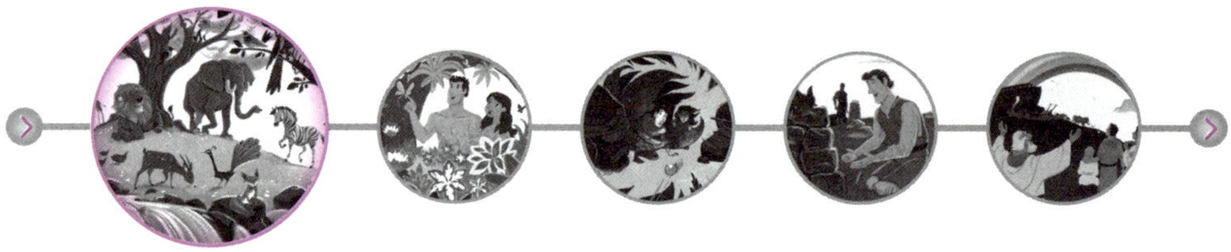

1. 맨 처음 이 세상에는 무엇이 있었나요? 하나님 외에는 아무것도 없었다
2. 누가 이 세상 모든 것을 만들었나요? 하나님
3. 하나님은 어떤 재료를 가지고 세상을 창조하셨나요? 아무것도 없이 세상을 창조하셨다
4. 하나님은 어떤 방법으로 세상을 창조하셨나요? 말씀으로 세상을 창조하셨다
5. 하나님은 하나님이 만드신 것들을 보시며 어떠하셨나요? 좋아하셨다

넷 — 성경의 초점

아주 중요한 질문을 하나 더 할게요. 이 질문은 우리가 앞으로 생각해야 할 '성경의 초점' 질문이에요. **"하나님은 왜 세상을 창조하셨나요?"** 이 질문의 답은 **"하나님의 영광**

을 위해 창조하셨어요"예요. 하나님은 하나님이 얼마나 멋지고 놀라운 분인지 보여 주시기 위해 이 세상의 모든 것을 창조하셨어요. 하나님이 만드신 것들을 보고 있으면 "하나님, 감사합니다!"라고 말하고 싶어져요. 다시 한 번 물어볼게요. **하나님은 왜 세상을 창조하셨나요? 하나님의 영광을 위해 창조하셨어요.**

성경에서 고린도전서 8장 6절을 펴고 큰 소리로 여러 번 따라 읽게 한다.

1단원의 암송 구절은 우리에게 하나님은 오직 한 분밖에 없다고 말해요. 성부 하나님, 성자 하나님, 성령 하나님이 함께 이 세상을 창조하셨어요. 하나님이 만드신 모든 것은 하나님께 영광을 돌려요.

다섯 — 복음 초청

아이들에게 '복음'이라는 말을 들어 본 적이 있는지 물어본다.

'복음'이라는 말을 들어 본 적이 있나요? 복음이란 '좋은 소식'이라는 뜻이에요. 우리에게 보내신 하나님의 좋은 소식이 무엇일까요?

성경과 111쪽 복음 초청 가이드를 이용해서 아이들에게 그리스도인이 되는 법을 설명해 준다. 따로 상담해 줄 사람을 정해 주고 궁금한 점이 있으면 물어보도록 격려한다.

이 시간 예수님을 마음에 모시고 싶은 친구는 함께 기도해요.

여섯 — 기도

하나님, 하나님이 만드신 세상에서 살게 해 주셔서 감사드려요. 말씀으로 이렇게 멋진 세상을 만드신 하나님은 놀라운 분이세요. 또한 우리의 죄를 용서하기 위해 예수님을 보내 주셔서 감사해요. 하나님이 주신 아름다운 세상 속에서 예수님과 행복하게 살도록 도와주세요. 우리를 위해 아름다운 세상을 만드시고 예수님을 보내 주신 것을 항상 기억하도록 도와주세요. 사랑해요. 예수님의 이름으로 기도합니다. 아멘.

일곱 — 암송송

암송송(158쪽)에 맞추어 손유희를 하며 말씀을 익힌다.

"그러나 우리에게는 한 하나님 곧 아버지가 계시니 만물이 그에게서 났고 우리도 그를 위하여 있고 또한 한 주 예수 그리스도께서 계시니 만물이 그로 말미암고 우리도 그로 말미암아 있느니라"(고전 8:6).

tip 전체 구절 암송이 어려운 경우에는 표시 부분을 발췌해 외우거나 창세기 1장 1절을 암송해도 좋다.

알콩달콩 말씀 놀이

하나님의 작품!

준비물 ▶ 유치부 교재 4쪽, 색연필

이야기 나누기
- 누가 이 세상을 만드셨나요?
- 하나님은 이 세상(해와 달, 땅과 하늘, 동물과 식물 등)을 어떻게 만드셨나요?

❶ 동산 위에 그려진 여러 동물들의 형태를 보고 알맞은 동물을 찾아 선을 긋게 한다.

인도자 잘 찾았어요! 누가 이 동물들을 만드셨지요?

❷ 아이들에게 가장 좋아하는 '하나님의 창조물'이 무엇인지 물어보고, 좋아하는 이유나 그 동물의 특성에 대해 함께 이야기를 나누어 본 뒤 네모 칸에 그려 보게 한다.

❸ 세상을 만드신 하나님께 감사 기도를 드리며 마무리한다.

인도자 이 세상을 만드신 하나님, 감사해요. 제가 가장 좋아하는 동물도 만들어 주셔서 감사해요. 이렇게 멋진 세상을 만드신 하나님은 더 멋진 분이세요. 이렇게 빛나는 세상 속에 예수님을 보내 주시고 우리 마음에 빛이 되게 하신 하나님께 감사드려요. 예수님의 이름으로 기도합니다. 아멘.

색깔 점토로 놀아요 *

준비물 ▶ "마음 열기" 시간에 만들었던 색깔 점토, 모양 틀, 점토칼

❶ 하나님이 만드신 것들을 떠올리며 점토로 창조물을 만들어 보게 한다.

❷ 완성된 작품을 소개하는 시간을 갖고 서로 칭찬한다.

인도자 우리의 작품은 모두 우리의 손, 모양 틀, 점토 칼 등을 사용해서 만들었어요. 하나님

은 이 세상의 온갖 멋진 것을 다 만드셨어요. 그런데 우리와 다른 점이 있었지요. 하나님은 손이나 도구를 사용하지 않으셨어요! 점토 같은 재료도 없었대요! 하나님은 아무것도 없이 오직 말씀만으로 이 세상을 창조하셨어요.

창조 퍼즐을 맞춰요 *

준비물 ▶ 창조 날짜 카드(161~167쪽), 가위

❶ 161~167쪽 창조 날짜 카드를 잘라 퍼즐로 만들어 둔다. 연령에 따라 조각 수를 다르게 한다.

❷ 완성된 그림, 또는 숫자의 그림자를 보여 주어 아이들이 쉽게 퍼즐을 맞출 수 있도록 한다.

❸ 완성된 퍼즐을 순서대로 놓고 하나님이 각 날짜에 창조하신 것들을 말해 보게 한다.

인도자 하나님은 우리가 즐겁게 살 수 있는 아름다운 세상을 6일 만에 만드셨어요. 하나님이 창조하시기 전에 이 세상에는 아무것도 없었어요. 하나님만 계셨지요. 우리가 하나님이 만드신 세상을 보며 기뻐하는 것은 하나님이 얼마나 좋은 분이신지를 드러내는 것과 같답니다. 하나님이 만드신 것은 다 좋아요.

새 가사로 찬양해요 *

❶ "좋으신 하나님"을 가사를 바꾸어 찬양해 본다.
창조주 하나님 / 창조주 하나님 / 이 세상을 / 창조하셨네.

❷ 한 명씩 차례로 돌아가며 '이 세상' 대신 하나님이 만드신 창조물의 이름을 넣어 찬양해 본다.
창조주 하나님 / 창조주 하나님 / ○○○을 / 창조하셨네.

인도자 하나님은 하나님께 영광을 돌릴 놀라운 것들을 정말 많이 만드셨어요. 우리는 하나님이 만드신 좋은 것들을 볼 때마다 하나님이 얼마나 놀라운 분이신지 알게 된답니다. **하나님이 모든 것을 창조하셨어요.**

*는 선택 활동

소곤소곤 꿀~꺽 간식

준비물 ▶ 사과, 귤, 바나나 등 자연에서 얻을 수 있는 간식

❶ 카운트다운 영상, 정리하기 노래 등을 활용해 활동이 끝났음을 알린다. 아이들에게 주변을 정리하게 하고, 화장실에 가거나 물티슈 등을 이용해 손을 씻을 시간을 준다.

❷ 감사 기도를 드리고 자연에서 얻을 수 있는 간식을 나누어 준다. 하나님이 우리에게 음식을 주시려고 나무와 식물을 만드셨다고 말한다.

❸ 간식을 먹은 후 마무리 정리를 잘하도록 지도한다.

오순도순 마무리

준비물 ▶ 유치부 교재 41쪽 메시지 카드, 소그룹 활동지, 펀치, 카드 고리, 파일

❶ 카드를 떼고 펀치로 구멍을 뚫어 고리로 연결하게 한다.

가족과 활동해요

- 온 가족이 함께 차를 타고 가면서 하나님이 창조하신 세상을 감상해 보세요.
- 하나님의 창조물들은 하나님의 영광을 드러내고 있어요. 하나님이 만드신 세상에 대해 감사하는 기도를 드리세요.
- 가족과 함께 자연을 거닐어 보세요.

❷ 가방이나 지갑에 고리를 끼워 항상 휴대하면서 오늘 배운 성경 이야기를 수시로 기억하게 하고, 가족과도 함께 나눌 수 있도록 격려한다.

tip 한 주에 한 장씩 나누어도 좋고, 13과 메시지 카드를 모두 떼어 구약 1권의 메시지 카드철을 만들어도 좋다.

❸ 소그룹 활동지를 떼어 파일에 끼우고 가방에 정리하게 한다.

❹ 아이들의 기도 제목을 물어보고 기도로 마무리한다.

인도자 하나님, 우리가 기쁘게 뛰어놀 수 있는 아름다운 세상을 창조해 주셔서 감사드려요. 하나님은 우리의 창조주세요. 하나님처럼 멋진 세상을 만든 분은 아무도 없어요. 하나님이 만드신 아름다운 자연을 볼 때마다 하나님이 얼마나 멋지고 놀라운 분이신지 기억하도록 도와주세요. 사랑해요. 예수님의 이름으로 기도합니다. 아멘.

❺ 아이를 데리러 온 부모에게 아이가 특별히 즐거워했거나 잘했던 활동들에 대해 이야기해 주고, 가정에서 성경 읽기와 가족 활동을 진행할 수 있도록 격려한다.

나만의 기록장

하나님의 창조물 그리기

2

하나님이 사람을 창조하셨어요

[창 1:26~2:25]

주제 하나님이 하나님을 닮은 모습으로 사람을 창조하셨어요.

예수님 생각하기 하나님은 하나님을 닮은 모습으로 사람을 만드셨어요. 그런데 하나님의 모습대로 하나님을 가장 완벽하게, 똑같이 알려 주시는 분은 예수님이세요. 예수님을 보면 하나님을 알 수 있어요.

단원 암송 고전 8:6

성경의 초점 하나님은 왜 세상을 창조하셨나요? 하나님의 영광을 위해 창조하셨어요.

본문 속으로

창조 여섯째 날, 하나님은 하나님의 형상대로 사람을 창조하셨습니다. 하나님은 땅의 흙으로 사람을 지으시고, 그의 코에 생기를 불어 넣으셨습니다. 그러자 사람이 생명체가 되었습니다(창 2:7). 사람은 하나님의 다른 피조물들과 구별되었습니다. 하나님은 동물에게 숨을 불어 넣지 않으셨습니다. 옹기장이가 진흙으로 그릇을 빚듯 하나님은 흙으로 사람을 정교하게 빚으셨습니다(사 64:8).

하나님은 사람이 살아가는 데 필요한 것들을 모두 주셨습니다. 하나님은 에덴에 동산을 만드시고 사람을 그곳에 두어 동산을 돌보며 지키게 하셨습니다(창 2:8, 15). 그런 다음 사람에게 "선악을 알게 하는 나무의 열매는 먹지 말라"라고 명령하셨습니다. 그리고 명령을 어길 경우의 결과도 설명하셨습니다. "네가 먹는 날에는 반드시 죽으리라"(창 2:17).

그 후 하나님은 남자의 갈비뼈로 여자를 만드셨습니다. 여자는 남자의 돕는 배필이었습니다. 여자도 남자와 마찬가지로 하나님의 형상대로 창조되었습니다. 첫 남자 아담과 첫 여자 하와는 동산에서 살며 하나님과 우정을 나누었습니다.

우리는 아담과 하와가 하나님의 명령에 순종하지 않았고, 그들의 불순종으로 인해 죄가 세상에 들어온 것을 알고 있습니다. 그 이유 때문에 하나님이 자신의 아들 예수 그리스도를 보내셨습니다. 그분은 "보이지 아니하는 하나님의 형상"(골 1:15)이시고, 하나님의 본체의 형상('본바탕', 쉬운성경)을 그대로 보여 주는 분(히 1:3)이십니다. 성자 하나님은 완전히 사람이 되셔서, 그분 안에 있는 사람들에게 생명을 가져다주는 두 번째 아담의 역할을 하셨습니다(고전 15:45~49 참조).

●● 티칭 포인트

아이들에게 '하나님의 형상대로 창조되었다'라는 것은 '하나님을 닮게 만들어졌다', 또는 '하나님을 모방해서 만들어졌다'라는 뜻임을 잘 이해시켜 주십시오. 하나님은 육체가 없는 영이시기 때문에 우리 각자에게도 영혼을 주셨습니다. 또한 생각하고, 감정을 느끼고, 선택할 수 있는 능력과 옳고 그름을 분별할 수 있는 능력도 주셨습니다.

하나님은 다른 피조물들과는 다르게 사람을 만드셨다는 것을 강조해서 말해 주십시오. 하나님은 사람을 하나님의 형상대로 만드셨고(창 1:26), 이로써 하나님의 영광을 드러내셨습니다(사 43:7).

이야기 성경

하나님이 사람을 창조하셨어요

창 1:26~2:25

하나님이 세상을 창조하셨어요. 해도, 하늘도, 식물과 나무도, 온갖 동물도 모두 하나님이 만드셨어요. 하지만 하나님의 일은 아직 끝나지 않았어요. 하나님은 이제 가장 특별한 것을 만드실 거예요!

창조 여섯째 날, 하나님은 사람을 만드셨어요. 하나님은 땅에 있는 흙으로 사람을 만드셨어요. 사람에게 생명을 불어 넣으시고, 이름을 '아담'이라고 부르셨어요. 하나님은 사람을 다른 창조물들과는 다르게 만드셨어요. 하나님의 모습을 닮게 만드셨지요. 하나님은 에덴 동산을 만드셔서 아담을 그곳에 두셨어요. 하나님은 아담에게 동산을 잘 돌보고 지키라고 하셨어요.

하나님은 아담에게 나무 열매를 주셔서 먹게 하셨어요. 그 과일들은 참 보기에 좋았어요. 하나님은 아담에게 동산에 있는 각종 나무의 열매는 먹어도 된다고 말씀하셨어요. 하나만 빼고 말이에요! 동산 가운데에는 선과 악을 알게 하는 열매를 맺는 나무가 한 그루 있었어요. 하나님은 아담에게 이렇게 경고하셨어요. "저 나무의 열매는 먹지 말아라. 그것을 먹으면 너는 반드시 죽을 것이다."

하나님의 창조는 아직 끝나지 않았어요. 아담이 혼자 있는 것을 보신 하나님이 말씀하셨어요. "사람이 혼자 있는 것이 좋지 않구나." 하나님은 아담을 도와줄 짝을 만들어 주기로 결심하셨어요. 하나님은 아담에게 동물들을 데려오셨어요. 아담이 동물들에게 이름을 지어 주었지요. 하지만 그중 어떤 동물도 아담을 도와줄 짝이 되지 못했어요.

그래서 하나님은 아담을 깊이 잠들게 하시고, 그의 갈비뼈를 하나 떼어 여자를 만드셨어요. 아담은 잠에서 깨어 여자를 보고 매우 기뻐했어요! 여자는 아담의 완벽한 짝이었지요. 여자는 아담의 아내가 되었어요. 아담은 자기 아내를 '하와'라고 불렀어요.

하나님은 아담과 하와에게 좋은 것들을 주셨어요. 그들에게 모든 동물을 돌보는 일을 맡기셨고, 필요한 모든 것을 주셨어요. 하나님은 자신이 만든 것들을 둘러보셨어요. 모든 것이 보시기에 좋았어요! 하나님은 계획하셨던 것들을 다 만드셨어요. 그래서 창조 일곱째 날에는 쉬셨답니다.

● ● 예수님 생각하기

하나님은 하나님의 모습을 닮은 사람을 만드셨어요. 아담은 어떤 면에서는 하나님을 닮았지만 하나님을 완벽하게 나타내지는 못했어요. 그래서 하나님은 하나님이 정확히 어떤 분인지 보여 주시기 위해서 자신의 아들 예수님을 보내 주셨어요(고전 1:15). 예수님이야말로 하나님을 완벽하게 나타내시는 분이에요. 왜냐하면 예수님이 바로 하나님이시기 때문이에요(히 1:3).

가스펠 준비

싱글벙글 환영해요

DVD "나의 창조주"(지도자용 팩)를 배경음악으로 튼다. 아이들을 반갑게 맞이하며 헌금과 기도를 도와준다. 예배 중 헌금 순서가 있다면 아이들이 헌금을 잘 간수하도록 돕는다. 가방과 외투를 정리하도록 안내한다. 새로 온 아이가 있다면 음수대와 화장실의 위치를 알려 주고, 보호자와 만나는 시간과 방법 등을 소개한다. 보호자들을 위한 안내문을 붙여 아이와 만나는 시간, 기다리는 장소, 헌금 방법, 아이에 대한 특별한 주의 사항을 교사에게 미리 알려 주기 등을 공지한다.

너랑 나랑 마음 열기

주제와 관련 있는 퍼즐이나 블록 등 아이들이 좋아하는 장난감을 몇 가지 비치해 두고 다양한 활동을 하며 예배를 준비하도록 돕는다. 아이들이 마음을 열고 오늘의 주제에 관심을 갖게 하며 예배에 집중할 수 있도록 도와준다. 교회 형편에 맞게 시간과 활동 방법을 조절한다.

조금만 도와줘! *

준비물 ▶ 냅킨

❶ 아이들에게 냅킨을 한 장씩 나누어 주고, 냅킨을 머리 위에 올린 채 떨어뜨리지 않도록 균형을 잡으면서 예배실을 돌아다니도록 한다.

❷ 냅킨이 머리 위에 있어야만 움직일 수 있으며, 냅킨을 떨어뜨렸을 경우 그 자리에 서서 "조금만 도와줘!"라고 외치면 친구가 와서 냅킨을 머리 위에 올려 줄 수 있다는 게임의 규칙을 설명해 준다.

❸ 시간이 주어진 만큼 활동을 반복한다.

인도자 도와줘서 고마워요! 오늘의 성경 이야기에서 하나님은 사람을 만드셨어요. 그런데 하나님은 사람이 혼자 있는 것이 좋지 않다고 말씀하셨지요. 그래서 하나님은 아담을 도와줄 짝을 만들어 주셨어요. 그에게 어떤 짝이 생겼을지 함께 알아보기로 해요.

완성해 보아요 *

준비물 ▶ 화이트보드, 보드 마커, 보드 지우개, 종이, 색연필, 블록, 실 꿰기 도구

❶ 아이들에게 마무리되지 않은 몇 가지 활동을 소개한 후 어떻게 완성하면 좋을지 이야기를 나누어 본다.

예) • 화이트보드에 그림을 그리거나 글씨를 쓴 뒤 반만 지운다. - 나머지를 지워 마무리하도록 한다.
• 종이에 색연필로 원을 그린다. - 원 안에 얼굴을 그려 그림을 완성하게 한다.
• 블록으로 탑을 낮게 쌓는다. - 탑을 자신의 키만큼 쌓게 한다.
• 실을 반만 꿰어 놓는다. - 실 꿰기를 완성하고 매듭을 짓게 한다.

❷ 무엇인가를 끝까지 완성해 보니 기분이 어떤지 아이들에게 물어본다.

인도자 지난주에 배운 성경 이야기에서 하나님은 세상을 만드셨어요. 하지만 아직 세상을 만드는 일이 완전히 끝나지 않았어요. 오늘의 성경 이야기에서 하나님은 무엇인가를 더 만드실 거예요. 힌트를 줄 테니 맞혀 보세요! 하나님이 다음에 만드실 것은 모든 피조물 중에서 가장 특별한 거예요! 아이들의 대답을 기다린다. 네, 바로 사람이랍니다. 모두 정말 잘 맞혔어요!

예배 대형으로 모이기

• 카운트다운 영상, 모이기 노래 등을 활용해 예배 대형으로 바꾸고 마음을 준비하게 한다.
• 공간을 이동해야 한다면 둘씩 짝을 지어 가도록 한다.

가스펠 설교

하나 — 들어가기

아이들과 함께 갈비뼈의 위치(배 위쪽과 옆구리 부분)를 찾아본다.

갈비뼈는 몸속에 있기 때문에 우리 눈에 보이지 않지만, 손으로 만져 볼 수는 있어요. 우리는 오늘의 성경 이야기에서 하나님이 맨 처음으로 만드신 남자와 그의 갈비뼈로 무엇인가를 만드신 놀라운 일에 대해 배울 거예요.

둘 — 성경 이야기

DVD 창세기 1~2장을 편다. 설교 영상(지도자용 팩)을 보여 주거나 이야기 성경을 들려준다.

성경은 이 세상 전체를 통틀어서 가장 중요한 책이에요! 성경은 하나님의 말씀이고, 성경에 쓰인 모든 이야기가 진짜이기 때문이지요. 오늘의 성경 이야기는 성경 맨 앞에 있는 '창세기'에 나와요.

셋 — 메시지와 정리

하나님이 사람을 만드셨어요. 사람은 하나님이 만드신 창조물들 중에서 가장 중요하고 특별해요. **하나님이 사람을 하나님의 형상대로 만드셨기 때문이에요!** 이 말은 우리가 하나님과 닮았다는 뜻이랍니다. 사람은 하나님처럼 스스로 생각하고 선택할 수 있어요. 기쁘거나 슬픈 감정을 느끼기도 하고요. 우리에게 이런 감정을 느끼게 해 주신 분이 누구이신가요? 그래요! 바로 하나님이세요.

사람은 하나님만큼 힘이 세거나 똑똑하지는 않아요. 하나님은 항상 올바른 일, 최고로 좋은 일만 하시지만 사람은 그렇지 않지요. 그런데 하나님과 똑같은 사람이 꼭 한 분 계세요. 그분은 바로 하나님의 아들 예수님이시랍니다. 예수님은 하나님이세요. 그래서 하나님이 어떤 분이신지를 우리에게 정확하게 보여 주세요.

DVD 연대표(지도자용 팩)를 가리키면서 복습 질문을 한다.

1. 하나님은 땅에 있는 흙으로 무엇을 만드셨나요? 사람
2. 하나님이 맨 처음 만드신 사람의 이름은 무엇인가요? 아담
3. 하나님은 아담의 갈비뼈로 무엇을 만드셨나요? 여자

4. 하나님이 만드신 것들은 하나님이 보시기에 어떠했나요? 하나님이 보시기에 좋았다

5. 사람을 창조하신 날, 하나님이 만드신 모든 것은 하나님이 보시기에 어떠했나요?
하나님이 보시기에 심히 좋았다

넷 — 성경의 초점

아주 중요한 질문을 하나 더 할게요. 지난주에 배운 '성경의 초점' 질문이에요. **"하나님은 왜 세상을 창조하셨나요?"** 이 질문의 답은 **"하나님의 영광을 위해 창조하셨어요"** 예요. 이 세상 모든 것은 하나님이 얼마나 놀랍고 멋진 분이신지를 보여 주고 있어요. 우리는 아빠, 엄마, 강아지, 하늘 등을 보며 "하나님, 감사합니다!"라고 말할 수 있어요. **하나님은 왜 세상을 창조하셨나요? 하나님의 영광을 위해 창조하셨어요.**

다섯 — 복음 초청

성경과 111쪽 복음 초청 가이드를 이용해서 아이들에게 그리스도인이 되는 법을 설명해 준다. 따로 상담해 줄 사람을 정해 주고 궁금한 점이 있으면 물어보도록 격려한다.

이 시간 예수님을 마음에 모시고 싶은 친구는 함께 기도해요.

여섯 — 기도

이 세상을 만드시고, 하나님의 형상대로 우리를 만드신 하나님, 감사해요. 우리를 통해 하나님의 영광이 드러나도록 도와주세요. 하나님이 우리를 지으신 목적을 늘 기억할 수 있도록 도와주세요. 하나님만 높임을 받으시고, 찬양을 받으실 분임을 알게 해 주세요. 우리를 사랑하셔서 하나밖에 없는 예수님까지도 보내 주신 하나님의 사랑을 기억하게 도와주세요. 예수님의 이름으로 기도합니다. 아멘.

일곱 — 암송송

성경에서 고린도전서 8장 6절을 펴고 큰 소리로 여러 번 따라 읽게 한다.

하나님이 하나님을 닮은 모습으로 사람을 창조하셨어요. 하지만 하나님은 오직 한 분밖에 없어요. 1단원의 암송 구절인 고린도전서 8장 6절은 우리에게 그 사실을 말해 주어요.

암송송(158쪽)에 맞추어 손유희를 하며 말씀을 익힌다.

"그러나 우리에게는 한 하나님 곧 아버지가 계시니 만물이 그에게서 났고 우리도 그를 위하여 있고 또한 한 주 예수 그리스도께서 계시니 만물이 그로 말미암고 우리도 그로 말미암아 있느니라"(고전 8:6).

tip 전체 구절 암송이 어려운 경우에는 표시 부분을 발췌해 외우거나 창세기 1장 1절을 암송해도 좋다.

가스펠
소그룹

알콩달콩 **말씀 놀이**

난 하나님 최고의 걸작!

준비물 ▶ 유치부 교재 6쪽, 색연필, 하트 모양 스티커

이야기 나누기

- 누가 이 모든 것을 만드셨나요?
- 하나님이 만드신 작품 중에 잘못되었거나 쓸모없는 것이 있을까요?
- 하나님이 가장 마지막에 하나님을 닮게 만드신 아주 특별한 작품은 무엇인가요?

❶ 하나님이 창조하신 순서대로 네모 칸에 숫자를 써 보게 한다.

❷ 그림에는 없지만 창조물들 중에 가장 마지막에 만들어진 것이 무엇인지 함께 이야기를 나누어 본다.

인도자 하나님은 여러 모습으로 이 세상을 창조하셨어요. 하나님은 다양한 크기와 모양을 가진 동물들과 식물들을 만드셨지요. 하지만 거기서 멈추지 않으셨어요. 하나님이 가장 마지막에 만드신 것은 모든 창조물 중에서 가장 특별했어요! 하나님이 가장 마지막에 하나님을 닮은 모습으로 만드신 것이 무엇일까요? 바로 사람이에요!

❸ 하나님의 *걸작인 나의 멋진(예쁜) 모습을 하트 칸에 그리게 하고, 하트 모양 스티커를 붙이며 "정말 멋지다(예쁘다)"라고 말해 보게 한다.

*걸작 : 매우 훌륭한 작품

인도자 하나님은 여섯째 날 모든 일을 마치신 후 일곱째 날에 기쁘고 행복한 시간을 보내셨어요. 하나님의 사랑으로 우리도 서로 사랑하며 지내요.

❹ 친구의 얼굴, 손, 옷 등에 하트 모양 스티커를 붙이고 "사랑해, 친구야"라고 말하며 축복하는 시간을 갖는다.

거울을 보며 그려요 *

준비물 ▶ 거울, 기름종이, 네임펜

❶ 아이들에게 거울을 나누어 준 뒤 거울에 비친 자신의 모습과 옆 친구의 모습을 비교하며 닮은 점과 다른 점을 찾아 이야기를 나누어 보게 한다.

❷ 거울에 기름종이를 올린 후 네임펜을 이용해 자기 얼굴을 따라 그리게 한다.

인도자 거울에 비친 내 모습을 보았나요? 우리는 하나님의 모습을 비추는 거울 같은 존재예요. 우리는 하나님을 형상대로 창조되었기 때문에 하나님의 마음과 성품을 닮았답니다.

그대로 멈춰라! *

❶ 아이들에게 숫자를 1부터 7까지 세는 동안 지시한 몸동작을 따라 하라고 한다.
예) • 제자리 뛰기 • 아래위로 팔짝팔짝 뛰기 • 어깨를 씰룩거리기 • 제자리에서 행진하기 • 팔 벌려 높이 뛰기

❷ 인도자가 숫자 7에서 "멈춰!"라고 말하면, 그 순간 아이들은 하던 몸동작을 멈추고 쉬어야 한다는 게임의 규칙을 설명해 준다.

❸ 몸동작을 바꾸어 가며 게임을 여러 번 반복한다.

인도자 창조 여섯째 날 **하나님이 하나님을 닮은 모습으로 사람을 창조하셨어요.** 이번 활동에서 여러분은 7을 셀 때마다 동작을 멈추고 쉬었지요? 하나님도 일곱째 날에 모든 창조를 마치고 쉬셨대요. 하나님은 하나님이 만드신 모든 것을 둘러보셨어요. 모든 것이 보시기에 좋았어요!

창조를 흉내 내 보아요 *

❶ 다음 문장을 하나씩 읽고 몸동작을 알려 주며 하나님이 아담과 하와를 창조하신 이야기를 몸으로 표현해 보게 한다.

- 하나님이 땅에 있는 흙으로 사람을 만드셨어요. (땅에서 흙을 한 줌 뜨는 흉내를 낸다.)
- 하나님이 사람에게 생명을 주셨어요. (풀썩 주저앉았다가 벌떡 일어난다.)
- 하나님은 사람이 혼자 있는 것이 좋지 않다고 말씀하셨어요. (머리를 옆으로 흔든다.)
- 하나님은 아담을 도와줄 짝을 만들기로 하시고, 그를 깊은 잠에 빠지게 하셨어요. (바닥에 누워 잠자는 흉내를 낸다.)
- 하나님이 아담의 갈비뼈를 하나 떼서 여자를 만드셨어요. (갈비뼈가 있는 옆구리를 만진다.)
- 아담이 잠에서 깼어요. (일어나는 흉내를 낸다.)
- 아담이 여자를 보고 매우 기뻐했어요! (박수하면서 아래위로 팔짝팔짝 뛴다.)

❷ 같은 동작을 방법을 바꾸어 다르게 표현해 본다.
예) 점점 빠르게, 점점 느리게, 춤추듯이 등.

인도자 **하나님이 사람을 창조하신** 과정이 정말 놀랍지요? 다른 모든 것을 창조하셨을 때처럼 "남자와 여자가 생겨라"라고 말씀하실 수도 있었을 텐데 말이에요. 하지만 하나님은 무엇인가 다르고 특별한 방법으로 사람을 만들기로 결심하셨어요. **하나님은 하나님을 닮은 모습으로 사람을 창조하셨어요.** 정말 멋지지요!

소곤소곤 꿀~꺽 간식

준비물 ▶ 동물 모양의 과자

❶ 카운트다운 영상, 정리하기 노래 등을 활용해 활동이 끝났음을 알린다. 아이들에게 주변을 정리하게 하고, 화장실에 가거나 물티슈 등을 이용해 손을 씻을 시간을 준다.

❷ 감사 기도를 드리고 동물 모양의 과자를 간식으로 나누어 준다. 간식을 먹는 동안 아담이 동물들에게 각자 어울리는 이름을 지어 주었는데 그 동물들은 아담의 좋은 짝이 아니었고, 하나님이 아담을 도와줄 짝으로 여자를 만드셨다고 이야기해 준다.

❸ 간식을 먹은 후 마무리 정리를 잘하도록 지도한다.

오순도순 마무리

준비물 ▶ 유치부 교재 41쪽 메시지 카드, 소그룹 활동지, 파일

❶ 이번 주 메시지 카드로 부모님과 함께 오늘 배운 성경 이야기를 나누어 보라고 한다.

가족과 활동해요

- 가족 한 사람, 한 사람이 왜 특별한지 서로 이야기해 주는 시간을 가져 보세요.
- 우리 가족을 특별하게 만들어 주신 하나님께 감사의 편지를 쓰거나 그림을 그려 보세요.

❷ 소그룹 활동지를 떼어 파일에 끼우고 가방에 정리하게 한다.

❸ 아이들을 위해 기도한다.

인도자 하나님, 우리를 창조해 주셔서 감사드려요. 하나님은 하나님이 얼마나 놀랍고 멋진 분인지 보여 주시기 위해 하나님을 닮은 모습으로 우리를 창조하셨지요! 하나님 같은 분은 없어요. 하나님이 만드신 것들을 기쁜 마음으로 볼 때마다 하나님이 얼마나 놀라운 분이신지를 기억하도록 도와주세요. 예수님의 이름으로 기도합니다. 아멘.

❹ 아이를 데리러 온 부모에게 아이가 특별히 즐거워했거나 잘했던 활동들에 대해 이야기해 주고, 가정에서 성경 읽기와 가족 활동을 진행할 수 있도록 격려한다.

나만의 기록장

하나님이 창조하신 내 모습 그리기

3

죄가 세상에 들어왔어요

[창 3:1~24]

주제	아담과 하와가 죄를 지었어요.
예수님 생각하기	예수님은 죄로 인해 하나님과 멀어졌던 사람들의 죄를 대신 없애 주시고 사람들이 하나님께로 돌아오게 만들어 주셨어요.

단원 암송	고전 8:6
성경의 초점	죄가 무엇인가요? 죄는 하나님의 법을 어기는 거예요.

본문 속으로

아담과 하와는 에덴동산의 모든 좋은 것을 누렸습니다. 하나님은 그들에게 단 한 가지만 금하셨습니다. "선악을 알게 하는 나무의 열매는 먹지 말라." 그에 대한 처벌은 가혹했습니다. "네가 먹는 날에는 반드시 죽으리라."

타락하기 전 아담과 하와는 하나님과 서로 사랑하는, 상호적인 관계를 나누었습니다. 에덴동산은 진정한 낙원이었습니다. 하나님은 사람들이 마음껏 누리고 하나님께 감사드릴 수 있도록(바로 이것이 하나님께 영광을 돌리는 것입니다) 온갖 좋은 선물로 동산을 채우셨습니다. 그러나 아담과 하와가 뱀의 유혹에 넘어가면서 모든 것이 변했습니다. 하와는 사람들을 죄에 빠뜨리는 거짓말에 속았습니다. 그것은 바로 '하나님이 내게 무엇인가를 숨기고 계신다'라는 거짓말입니다.

아담과 하와는 더 많은 것을 갈망했습니다. 그것은 열매가 준다는 지혜였습니다. 하지만 눈이 밝아졌을 때 그들이 깨달은 것은 자신들의 벌거벗음이었고 부끄러움이었습니다. 하나님의 마음은 그들의 불순종과 반역으로 인해 찢어졌습니다. 아담과 하와의 죄 때문에 하나님은 그들을 동산에서 쫓아내셨습니다. 죄의 결과는 즉각적이고 영원한 것이었습니다. 아담과 하와의 삶과 그 자녀들의 삶, 그리고 나아가 모든 인류의 삶이 그들의 선택으로 인해 영향을 받게 되었습니다.

그러나 하나님은 아담과 하와를 소망 없이 내버려 두지 않으셨습니다. 하나님은 하와의 후손이 뱀의 머리를 상하게 할 것이라고 약속하셨습니다(창 3:15). 하와 이후의 모든 세대는 자신의 자녀들 중 하나가 바로 그 약속된 자이기를 소망했습니다. 뱀의 머리를 상하게 하고 피조물들에게 내려진 저주를 종결지을 바로 그 사람 말입니다.

죄는 특단의 해결책이 필요한 큰 문제입니다. 약속된 시기에 하나님은 하나님의 아들을 세상에 보내셔서 아기로 태어나게 하셨습니다. 마태복음 1장 21절은 "아들을 낳으리니 이름을 예수라 하라 이는 그가 자기 백성을 그들의 죄에서 구원할 자이심이라"라고 말합니다.

●● 티칭 포인트

아이들에게 '사람은 태어날 때부터 죄인'이라는 슬픈 소식을 전해 주십시오. 하지만 우리가 죄인이라는 것을 점점 깨달아 갈수록 복음이 우리에게 얼마나 큰 기쁨이 되는지도 더불어 가르쳐 주십시오. "그리스도 예수께서 죄인을 구원하시려고 세상에 임하셨다"(딤전 1:15).

이야기 성경

죄가 세상에 들어왔어요

창 3:1~24

하나님이 처음 창조하신 사람인 아담과 하와는 아름다운 동산에 살았어요. 하나님은 그들에게 동산을 주셨고, 그 안에 온갖 나무를 만드셨지요. 나무에는 아담과 하와가 먹을 과일들이 열렸어요. 하나님은 아담과 하와에게 한 가지 규칙을 주셨어요. "동산에 있는 각종 나무의 열매는 마음껏 먹거라. 그러나 선과 악을 알게 하는 나무의 열매만은 먹지 말라. 만약 먹으면 네가 반드시 죽을 것이다."

땅의 동물들 중에서 뱀이 가장 교활했어요. 어느 날 뱀이 하와에게 물었어요. "하나님이 정말 동산에 있는 모든 나무의 열매를 먹지 말라고 말씀하셨니?" 사실 뱀은 아담과 하와가 한 나무의 열매만 빼고 다 먹을 수 있다는 것을 알고 있었어요. 그러면서도 하와를 속이려고 말한 것이었어요.

하와는 이렇게 대답했어요. "아니야, 우리는 동산에 있는 나무의 열매를 먹을 수 있어. 하나님은 한 가지 규칙만 말씀하셨어. 동산 한가운데 있는 나무의 열매는 먹지 말라고 하셨지. 그 열매를 먹거나 만지면 죽을 거라고 말씀하셨어." 뱀이 말했어요. "아니야! 너희는 절대 죽지 않아. 그 열매를 먹으면 하나님처럼 될 거야. 선과 악을 알게 될 거라고."

하와는 하나님이 먹지 말라고 하신 열매를 쳐다보았어요. 정말 맛있어 보였지요. 뱀의 말처럼 지혜를 줄 것 같기도 했어요. 그래서 하와는 열매를 따서 먹었어요. 자기와 함께 있는 아담에게도 주었고, 아담도 그 열매를 먹었지요. 그러자 갑자기 아담과 하와의 눈이 밝아졌어요. 그들은 자신들이 벌거벗고 있다는 사실을 알게 되었어요. 그들은 무화과나무 잎을 엮어 옷을 만들어 입었어요.

그날 저녁, 아담과 하와는 하나님이 동산을 거니시는 소리를 들었어요. 그들은 나무 사이에 숨었어요. 하나님이 아담을 부르셨어요. "아담아, 어디 있느냐?" 아담은 "벌거벗은 것이 두려워서 숨었습니다"라고 대답했어요. 하나님이 아담에게 물으셨어요. "네가 벌거벗었다고 누가 말해 주었느냐? 내가 먹지 말라고 한 열매를 먹었느냐?" 그러자 아담은 "하와가 열매를 주어서 먹었습니다"라고 대답했어요. 하와는 "뱀이 저를 속였습니다"라고 대답했지요.

아담과 하와는 하나님께 불순종했어요. 이것을 '죄'라고 불러요. 하나님은 그들의 죄 때문에 나쁜 일들이 일어날 것이라고 말씀하셨어요. 삶이 고통스러워질 것이고, 일은 힘들어질 것이라고요. 하나님은 뱀에게 배로 기어 다니며 사람들의 원수가 될 것이라고 말씀하셨어요. 하지만 하나님은 누군가가 하와의 자손으로 태어나 뱀을 없앨 것이라고 약속하셨어요.

아담과 하와가 죄를 지은 뒤 모든 것이 달라졌어요. 사람은 이제 예전처럼 하나님과 가까운 사이가 아니었어요. 하나님은 아담과 하와에게 동물의 가죽으로 옷을 만들어 입히신 다음 동산 밖으로 쫓아내셨어요. 그리고 동산 동쪽에 천사들과 불칼을 두어 생명나무로 가는 길을 지키게 하셨어요.

●● 예수님 생각하기

아담과 하와 이후에 태어난 사람들은 모두 죄를 지었어요. 죄는 우리를 하나님과 멀어지게 해요. 하지만 하나님을 우리에게서 멀리 떨어뜨려 놓지는 못하지요. 하나님은 여전히 우리를 사랑하세요. 그래서 누군가가 하와의 자손으로 태어나서 우리의 죄를 없애 줄 것이라고 약속하셨어요. 하나님은 하나님의 아들 예수님을 이 땅에 보내셔서 사람들을 죄에서 구원하시고 하나님께로 돌아오게 만드셨어요.

가스펠 준비

싱글벙글 — 환영해요

DVD "주의 말씀"(지도자용 팩)을 배경음악으로 튼다. 아이들을 반갑게 맞이하며 헌금과 기도를 도와준다. 예배 중 헌금 순서가 있다면 아이들이 헌금을 잘 간수하도록 돕는다. 가방과 외투를 정리하도록 안내한다. 새로 온 아이가 있다면 음수대와 화장실의 위치를 알려 주고, 보호자와 만나는 시간과 방법 등을 소개한다. 보호자들을 위한 안내문을 붙여 아이와 만나는 시간, 기다리는 장소, 헌금 방법, 아이에 대한 특별한 주의 사항을 교사에게 미리 알려 주기 등을 공지한다.

너랑 나랑 — 마음 열기

주제와 관련 있는 퍼즐이나 블록 등 아이들이 좋아하는 장난감을 몇 가지 비치해 두고 다양한 활동을 하며 예배를 준비하도록 돕는다. 아이들이 마음을 열고 오늘의 주제에 관심을 갖게 하며 예배에 집중할 수 있도록 도와준다. 교회 형편에 맞게 시간과 활동 방법을 조절한다.

숨바꼭질할 사람, 여기여기 붙어라! *

준비물 ▶ 눈가리개

❶ 술래 한 명을 뽑아 앞으로 나오게 한 후 눈가리개를 채운다. 술래가 1부터 20까지 세는 동안 아이들에게 꼭꼭 숨으라고 한다. 이때 밖으로 나가는 등 장소를 옮길 수는 없다는 규칙을 설명해 준다.

❷ 술래에게 20까지 다 센 후 눈가리개를 풀고 아이들을 찾으라고 한다. 숨어 있는 아이들 중에 3명을 찾으면 게임이 끝난다.

❸ 술래에게 잡힌 3명 중 맨 처음 들킨 아이가 다음 술래가 되어 게임을 계속한다.

인도자 오늘의 성경 이야기에서 하나님을 사랑하고 즐거운 시간을 보냈던 아담과 하와가 갑자기 나무 사이에 숨는 일이 생겼어요. 왜 그랬을까요? 하나님과 숨바꼭질을 하고 있었던 것일까요? 이제 하나님의 말씀을 잘 듣고 알아보기로 해요.

뱀이다, 뱀! *

준비물 ▶ 종이 접시, 가위, 사인펜, 스티커

❶ 종이 접시의 오목한 쪽에 사인펜을 이용해 나선형을 그리고, 가운데 부분에 뱀의 머리 모양을 그려 둔다. 완성된 모양은 뱀이 똬리를 틀고 있는 것과 같다. 아이들의 수만큼 준비해 놓는다.

❷ 아이들에게 뱀이 그려진 종이 접시를 나누어 준 뒤 가위로 선을 따라 오려 뱀을 만들고 사인펜이나 스티커를 이용해 꾸미게 한다.

tip 가위질이 어려운 아이는 도와준다.

❸ 뱀의 머리 부분을 손으로 잡고 들어 올려서 친구들에게 "뱀이다, 뱀!"이라고 말해 보라고 한다.

인도자 여러분이 만든 뱀은 재미있고 기분이 좋아 보여요. 하지만 오늘의 성경 이야기에 나오는 뱀은 전혀 재미있지도, 기분이 좋지도 않아요. 재미있고 기분이 좋은 척하지만 사실은 못됐고 교활한 뱀이지요. 뱀은 아담과 하와를 속여서 하나님께 불순종하게 만들었어요. 과연 어떻게 속였는지 오늘의 성경 이야기를 통해 알아보기로 해요.

예배 대형으로 모이기

- 카운트다운 영상, 모이기 노래 등을 활용해 예배 대형으로 바꾸고 마음을 준비하게 한다.
- 공간을 이동해야 한다면 간단한 리듬에 맞추어 손뼉을 치며 가도록 한다.

가스펠 설교

하나 — 들어가기

아이들의 서로 닮은 점을 이야기해 준다. 예를 들어, "○○와 ○○는 모두 웃는 얼굴이 예쁘네요"라고 말하거나, "○○와 ○○는 모두 기차를 좋아해요"라고 말하는 식이다.

우리 모두에게 공통점이 하나 있어요. 그것은 바로 우리 모두 잘못을 저지른다는 점이에요. 우리는 오늘의 성경 이야기에서 맨 처음 잘못을 저지른 어떤 사람의 이야기를 듣게 될 거예요. 그 사람의 잘못으로 이 세상이 완전히 달라졌어요.

둘 — 성경 이야기

DVD 창세기 3장을 편다. 설교 영상(지도자용 팩)을 보여 주거나 이야기 성경을 들려준다.

성경은 이 세상 전체를 통틀어서 가장 중요한 책이에요! 성경은 하나님의 말씀이고, 성경에 쓰인 모든 이야기가 진짜이기 때문이지요. 오늘의 성경 이야기는 성경 맨 앞에 있는 '창세기'에 나와요.

셋 — 메시지와 정리

아담과 하와는 하나님의 명령을 어겼어요. **아담과 하와가 죄를 지은 거예요.** 그럼에도 불구하고 하나님은 아담과 하와를 계속 사랑하셨어요. 이 일로 세상에는 정말 더러운 죄가 들어와 버렸고, 죄가 들어온 세상에서 아담과 하와 이후에 태어난 사람들은 모두 죄를 지을 수밖에 없게 되었어요. 하지만 하나님은 한 사람을 보내 사람들을 죄에서 구원하고 다시 하나님께 돌아오게 하겠다고 약속하셨어요.

DVD 연대표(지도자용 팩)를 가리키면서 복습 질문을 한다.

1. 하나님은 아담과 하와에게 "하지 말라"라는 규칙을 몇 가지 주셨나요? 한 가지
2. 누가 하와를 속였나요? 뱀
3. 아담과 하와는 하나님의 규칙을 지켰나요? 아니다
4. 아담과 하와는 하나님이 동산을 거니시는 소리를 듣고는 어떻게 했나요? 나무 사이에 숨었다

5. 하나님은 아담과 하와가 죄를 지은 뒤 어떻게 하셨나요? 동물의 가죽으로 옷을 만들어 입히시고 에덴동산 밖으로 쫓아내셨다

넷 — 성경의 초점

죄가 무엇인가요? 죄는 하나님의 법을 어기는 거예요. 하나님의 법이란 하나님이 세우신 규칙을 말해요. 아담과 하와는 하나님이 그들에게 주신 규칙을 어겼어요. 우리가 하나님의 규칙을 어기는 것이 바로 죄예요. 우리가 하나님이 하라고 하신 일을 하지 않거나, 하나님이 하지 말라고 하신 일을 하는 것 둘 다 죄를 짓는 거예요.

다섯 — 복음 초청

성경과 111쪽 복음 초청 가이드를 이용해서 아이들에게 그리스도인이 되는 법을 설명해 준다. 따로 상담해 줄 사람을 정해 주고 궁금한 점이 있으면 물어보도록 격려한다.

이 시간 예수님을 마음에 모시고 싶은 친구는 함께 기도해요.

여섯 — 기도

사랑의 하나님, 아담과 하와가 죄를 지어서 우리 모두가 죄를 지을 수밖에 없는 죄인이 되었지만 우리를 여전히 사랑하시고, 또 구원자를 보내 우리의 죄를 없애 주겠다고 약속해 주셔서 감사드려요. 그 약속의 구원자이신 예수님의 이름으로 기도합니다. 아멘.

일곱 — 암송송

성경에서 고린도전서 8장 6절을 펴고 큰 소리로 여러 번 따라 읽게 한다.

오늘의 성경 이야기에서 하나님은 누군가가 와서 뱀을 없앨 것이라고 약속하셨어요. 그분은 바로 예수님이세요! 1단원 암송 구절인 고린도전서 8장 6절은 예수님이 주님이시라고 말해요. 우리의 죄를 없애 주실 수 있는 분은 예수님뿐이세요.

암송송(158쪽)에 맞추어 손유희를 하며 말씀을 익힌다.

"그러나 우리에게는 한 하나님 곧 아버지가 계시니 만물이 그에게서 났고 우리도 그를 위하여 있고 또한 한 주 예수 그리스도께서 계시니 만물이 그로 말미암고 우리도 그로 말미암아 있느니라"(고전 8:6).

tip 전체 구절 암송이 어려운 경우에는 표시 부분을 발췌해 외우거나 창세기 1장 1절을 암송해도 좋다.

가스펠
소그룹

알콩달콩 말씀 놀이

아담아, 어디 있니?

준비물 ▶ 유치부 교재 8쪽, 연필(색연필)

이야기 나누기

- 아담과 하와는 왜 나무 뒤에 숨었나요?
- 죄가 무엇인가요? (죄는 하나님의 법을 어기는 거예요.)
- 하나님은 아담과 하와를 위해 어떤 계획을 세우셨을까요?

❶ 아담과 하와가 왜 하나님을 피해 나무 사이에 숨어 있는지에 대해 아이들과 함께 이야기를 나누어 본다.

❷ 하나님을 피해 나무 사이에 숨어 있는 아담과 하와를 그려 보게 한다.

인도자 아담과 하와는 죄를 짓기 전에는 아름다운 동산에서 하나님과 서로 사랑하며 살았어요. 하지만 하나님의 말씀에 불순종하는 죄를 짓고 난 후에는 달라졌지요. 하나님이 동산을 거니시는 소리를 들은 아담과 하와는 나무 사이에 숨었어요! 이처럼 죄는 하나님께 가까이 나아가지 못하게 만들어요.

하나님께 나아가 서로 사랑하며 지내려면 죄가 없어져야만 해요. 죄를 지은 사람들을 변함없이 사랑하시는 하나님은 우리를 죄로부터 구원할 방법을 마련하셨어요. 하나님이 약속하신 구원자가 바로 예수님이세요.

엄마, 해도 돼요? *

준비물 ▶ 컬러 박스 테이프

❶ 인도자가 '엄마'의 역할을 맡아 다양한 걸음걸이(깡총깡총 토끼 걸음, 폴짝폴짝 개구리 걸음, 느릿느릿 거북이 걸음 등)를 보여 준다.

❷ 예배실 끝부분에 컬러 박스 테이프를 붙여 출발선을 표시하고 아이들을 옆으로 길게 한 줄로 세운다.

❸ '엄마'는 반대편 끝에 아이들과 마주 보고 서서 한 명, 한 명에게 걸음걸이의 종류를 정해 준다.
걷고 싶으면 반드시 "엄마, ○○○ 걸음 해도 돼요?"라고 말하며 허락을 받아야 한다고 말해 주고,'엄마'는 "해도 돼", "안 돼"라고 대답한다.

❹ 허락을 받은 아이는 정해진 걸음걸이로 '엄마'에게 걸어오도록 한다. 허락받지 않고 출발한 아이는 출발선으로 되돌아가서 허락을 받고 다시 시작하도록 지도한다. 모든 아이가 '엄마'에게 도착할 때까지 게임을 계속한다.

tip 엄마 대신 아빠로 정해도 되며, 한 아이를 뽑아 부모 역할을 맡겨도 좋다.

인도자 하나님이 아담과 하와를 괴롭히려고 규칙을 주셨을까요? 아니에요! 하나님은 언제나 좋은 분이세요. 우리를 사랑하시는 하나님은 우리에게 가장 좋은 것이 무엇인지 아시기 때문에 규칙을 주셨어요. 마찬가지로 하나님은 아담과 하와를 보호하시려고 규칙을 주셨지요. 하지만 **아담과 하와는** 하나님의 규칙을 어기고 **죄를 지었어요.** 하나님은 아담과 하와가 하나님이 먹지 말라고 하신 열매를 따 먹으면 어떤 일이 일어날지 알고 계셨어요. 그래서 하와의 자손으로 예수님을 보내셔서 모든 것을 바로잡게 하셨어요.

찢어진 종이를 돌려놓아요 *

준비물 ▶ A4 용지, 셀로판테이프

❶ 아이들에게 A4 용지를 한 장씩 나누어 주고 자유롭게 찢게 한다. 5~7조각 정도가 좋다고 말해 준다.

❷ 셀로판테이프를 이용해 찢은 종이를 원래대로 돌려놓도록 한다.

인도자 찢어진 종이를 원래대로 돌려놓느라 수고했어요. 하지만 새 종이였을 때와 똑같지는 않네요. 하나님이 세상과 사람을 만드셨을 때 모든 것은 아름답고 행복했어요. 그러나 **아담과 하와가 죄를 지은 뒤** 모든 것이 달라졌어요. 인생은 고통스러워졌고, 일하는 것은 힘들어졌어요. 아담과 하와는 더 이상 하나님과 가깝게 지낼 수도 없었어요. 아담과 하와 이후에 태어난 모든 사람은 죄를 지을 수밖에 없게 되었어요. 사랑의 하나님은 사람들을 죄에서 구원하시고 모든 것을 다시 새것처럼 만들어 주실 구원자를 보내겠다고 약속하셨어요.

모든 것은 썩어요 *

준비물 ▶ 과일, 풀잎, 나뭇잎(각각 신선한 것과 썩어 가는 것)

❶ 과일, 풀잎, 나뭇잎 등 자연물 중에서 신선한 것과 썩어 가는 것을 관찰할 수 있도록 준비해 둔다.

❷ 썩어 가는 것도 원래는 신선한 것이었다고 이야기해 주고, 시간이 흐르면 이 세상의 모든 것은 늙고 죽을 수밖에 없다고 말해 준다.

인도자 하나님은 아담과 하와에게 선과 악을 알게 하는 나무의 열매를 먹으면 죽게 될 것이라고 말씀하셨어요. 그런데 **아담과 하와는** 그 말씀을 어기고 **죄를 지었어요. 죄를 지은 아담과 하와가** 그 자리에서 바로 죽은 것은 아니지만, 그들의 몸은 약해지고 늙어 가기 시작했어요. 하나님이 만드신 모든 것도 마찬가지였지요. 풀잎과 나뭇잎은 갈색으로 변하고, 과일은 썩어서 고약한 냄새를 풍겨요. 사람들은 병에 걸리고 늙어요. 이 모든 것이 **아담과 하와가 죄를 지어서** 생긴 일이랍니다. 하지만 하나님은 구원자를 보내 이 세상을 죄에서 구원하시고, 모든 것을 바로잡겠다고 약속하셨어요. 그 구원자가 바로 예수님이세요.

소곤소곤 꿀~꺽 간식

준비물 ▶ 사과, 귤, 바나나 등 자연에서 얻을 수 있는 간식

❶ 카운트다운 영상, 정리하기 노래 등을 활용해 활동이 끝났음을 알린다. 아이들에게 주변을 정리하게 하고, 화장실에 가거나 물티슈 등을 이용해 손을 씻을 시간을 준다.

❷ 우리에게 먹을 것을 주시는 하나님의 사랑에 감사하며 기도를 드리고 간식을 나누어 준다.

❸ 간식을 먹은 후 마무리 정리를 잘하도록 지도한다.

오순도순 마무리

준비물 ▶ 유치부 교재 41쪽 메시지 카드, 소그룹 활동지, 파일

❶ 이번 주 메시지 카드로 부모님과 함께 오늘 배운 성경 이야기를 나누어 보라고 한다.

가족과 활동해요

• 가족과 함께 자신이 죄인인 것과 자신에게 구원자가 필요한 것을 깨닫게 해 달라고 기도하세요.

❷ 소그룹 활동지를 떼어 파일에 끼우고 가방에 정리하게 한다.

❸ 아이들을 위해 기도한다.

인도자 아담과 하와가 죄를 지었음에도 불구하고 계속해서 사랑해 주시고, 동산을 떠날 때 가죽옷을 입혀 주신 하나님의 사랑을 기억해요. 또 우리는 여전히 죄를 짓기도 하지만 그때마다 우리의 죄를 대신 없애 주신 예수님을 기억할게요. 하나님 아버지, 사랑해요. 예수님의 이름으로 기도합니다. 아멘.

❹ 아이를 데리러 온 부모에게 아이가 특별히 즐거워했거나 잘했던 활동들에 대해 이야기해 주고, 가정에서 성경 읽기와 가족 활동을 진행할 수 있도록 격려한다.

나만의 기록장

가죽옷을 입고 있는 아담과 하와 그리기

4

가인과 아벨이 제물을 드렸어요

[창 4:1~16, 25~26]

주제 하나님이 죄 때문에 가인에게 벌을 주셨어요.

예수님 생각하기 가인의 죄는 그를 하나님과 사람들로부터 멀어지게 했어요. 때가 되면 하나님이 예수님을 하와의 자손으로 보내 죄인들을 구원하실 거예요.

단원 암송 고전 8:6

성경의 초점 죄가 무엇인가요?
죄는 하나님의 법을 어기는 거예요.

본문 속으로

아담과 하와에게 자녀들이 생겼을 때의 기쁨을 상상해 보십시오. 한 명, 한 명 태어날 때마다 하와는 그 아이가 죄의 저주를 끊고 뱀의 머리를 상하게 할 구원자이기를 바랐을지도 모릅니다(창 3:15). 하지만 가인과 아벨이 자라 가면서 아마도 아담과 하와는 죄가 자기 자녀들에게 미친 영향을 탄식 속에서 목도했을 것입니다. 가인은 약속된 구원자가 아니었고, 아벨도 마찬가지였습니다.

가인과 아벨은 장성하자 각각 직업을 가졌습니다. 아벨은 목자가 되어 양 떼를 돌보았고, 가인은 농부가 되어 농사를 지었습니다. 어느 날 그들은 각자 하나님께 제물을 바쳤습니다. 하나님은 아벨의 제물은 받으셨지만, 가인의 제물은 받지 않으셨습니다. 하나님은 가인에게 죄에 대해 경고하시면서, 하나님이 받으시는 제사를 드리려면 어떻게 해야 하는지를 말씀해 주셨습니다.

그 후 가인과 아벨은 들판으로 나갔고, 가인은 아벨을 죽였습니다. 하나님은 가인이 한 짓을 아시고는 그에게 벌을 내리셨습니다. 하나님은 가인이 그 땅을 떠나 세상을 떠도는 자가 되게 하셨습니다. 가인의 죄가 그를 하나님과 사람들로부터 갈라놓았습니다.

얼마 후 하와는 다시 아들을 낳았고, 이름을 셋이라고 지었습니다. 셋도 약속된 구원자는 아니었지만, 예수님은 장차 셋의 자손으로 오시게 됩니다(눅 3:23~38).

●● 티칭 포인트

아이들을 가르칠 때 죄의 영향이 얼마나 깊은지 깨달을 수 있도록 도와주십시오. 그런 다음, 예수 그리스도 안에 있는 장래에 대한 소망도 함께 강조해 주십시오. 한 세대, 한 세대가 지나갈 때마다 사람들은 이 소망에 기대어 살았습니다. '혹시 이 아이가 구원자일까?' 그리고 그때마다 그들은 죄의 실상을 목도했습니다. 아무도 그들을 구원할 만큼 선하지 않았던 것입니다.

모든 아기는 그들의 부모나 아담과 하와와 마찬가지로 죄인으로 태어났습니다. 그러나 여전히 사람들은 소망했습니다. 때가 되면 하나님이 죄인들을 구원하기 위해 구원자를 보내실 것이라고 말입니다(히 11:13; 갈 4:4). 하나님은 언제나 약속을 지키는 분이시기 때문입니다.

이야기 성경

가인과 아벨이 제물을 드렸어요

창 4:1~16, 25~26

아담과 하와는 에덴동산을 떠나 아이를 낳았어요. 첫째 아들의 이름은 가인이고, 둘째 아들의 이름은 아벨이에요. 아담과 하와가 죄를 지었기 때문에 아이들도 죄인이었어요. 아벨은 자라서 양을 치는 목자가 되었고, 가인은 자라서 농사를 짓는 농부가 되었어요.

어느 날 가인이 하나님께 제사를 드렸어요. 그는 자신이 농사지은 것을 하나님께 제물로 드렸어요. 아벨도 제사를 드렸어요. 그는 자신이 키우는 양들 중 처음 태어난 새끼 양을 하나님께 드렸어요. 하나님은 아벨의 제물은 받으셨지만, 가인의 제물은 받지 않으셨어요.

가인은 화가 났어요! 하나님은 가인에게 물으셨어요. "왜 화가 났느냐? 네가 옳은 일을 했다면 왜 얼굴을 펴지 못하느냐?" 하나님은 가인에게 죄를 조심하라고 경고하셨어요. "올바르게 행하지 않으면 죄가 문 앞에 엎드리고 있을 것이다. 죄가 너를 마음대로 움직이려고 하는구나. 하지만 너는 죄를 다스려야 한다."

그 후 가인은 아벨에게 들판으로 가자고 말했어요. 들판에 단 둘이 있을 때 가인은 자기 동생을 죽게 했어요. 하나님이 가인에게 물으셨어요. "네 동생 아벨이 어디 있느냐?" 그러자 가인은 "모릅니다. 제가 동생을 지키는 사람이라도 됩니까?"라고 대답했어요. 하지만 하나님은 모든 것을 아세요. 가인이 한 일도 다 알고 계셨지요. 하나님은 가인에게 말씀하셨어요. "도대체 무슨 짓을 저질렀느냐?"

하나님은 가인에게 벌을 주셨어요. 이제 집이 없을 것이며, 남은 평생 동안 세상을 떠돌아다니게 될 것이라고 하셨지요. 쉴 곳도 찾지 못하고, 농사를 지으려고 해도 아무것도 자라지 않을 것이라고 말씀하셨어요.

가인은 "이 벌은 제게 너무 무겁습니다! 제가 이곳을 떠나 세상을 떠돌아다니면 저를 만나는 사람마다 저를 죽게 하려고 할 것입니다"라고 대답했어요. 그래서 하나님은 아무도 가인을 해치지 못하도록 지켜 주시기 위해 그에게 어떤 표시를 주셨어요. 가인은 그 땅을 떠나 놋이라는 곳에 가서 살았어요.

하나님은 아담과 하와에게 아들을 한 명 더 주셨어요. 그 아이의 이름은 셋이에요. 아담과 하와의 가족은 점점 늘어났어요. 셋은 자라서 에노스라는 아들을 낳았어요. 이때부터 사람들은 여호와의 이름을 부르기 시작했어요.

●● 예수님 생각하기

하나님은 누군가가 하와의 자손으로 태어나 죄를 없애 버릴 것이라고 말씀하셨어요. 가인은 그 사람이 아니었어요. 가인도 아담과 하와처럼 죄인일 뿐이었지요. 그래서 사람들은 하나님이 약속을 지키실 때를 기다리며 살았어요. 때가 되면 하나님이 아들이신 예수님을 보내 죄인들을 구원하실 거예요.

가스펠 준비

싱글벙글 환영해요

DVD "주의 말씀"(지도자용 팩)을 배경음악으로 튼다. 아이들을 반갑게 맞이하며 헌금과 기도를 도와준다. 예배 중 헌금 순서가 있다면 아이들이 헌금을 잘 간수하도록 돕는다. 가방과 외투를 정리하도록 안내한다. 새로 온 아이가 있다면 음수대와 화장실의 위치를 알려 주고, 보호자와 만나는 시간과 방법 등을 소개한다. 보호자들을 위한 안내문을 붙여 아이와 만나는 시간, 기다리는 장소, 헌금 방법, 아이에 대한 특별한 주의 사항을 교사에게 미리 알려 주기 등을 공지한다.

너랑 나랑 마음 열기

주제와 관련 있는 퍼즐이나 블록 등 아이들이 좋아하는 장난감을 몇 가지 비치해 두고 다양한 활동을 하며 예배를 준비하도록 돕는다. 아이들이 마음을 열고 오늘의 주제에 관심을 갖게 하며 예배에 집중할 수 있도록 도와준다. 교회 형편에 맞게 시간과 활동 방법을 조절한다.

과일과 채소를 찾아요 *

준비물 ▶ 모형 과일과 채소, 바구니, 스톱워치

❶ 미리 예배실 곳곳에 모형 과일과 채소를 숨겨 둔다.

❷ 아이들에게 바구니를 나누어 주고, 숨겨진 과일과 채소를 찾아 담으라고 한다. 제한 시간은 2분임을 알리고, 스톱워치를 이용해 시간을 잰다.

❸ 가장 많은 과일과 채소를 찾은 아이가 승자가 된다.

인도자 하나님은 땅에서 과일과 채소가 자라나게 하셨어요. 여러분, 아담과 하와를 기억하지요? 아담은 하나님이 맨 처음 만드신 사람이고, 하와는 그의 아내예요. 오늘의 성경 이야기에서 우리는 아담과 하와의 아들들에 관한 이야기를 듣게 될 거예요. 첫째 아들의 이름은 가인이고, 농사짓는 일을 했어요. 오늘의 성경 이야기에서 농부인 가인에게 무슨 일이 일어났는지 알아보아요.

양을 만들어요 *

준비물 ▶ 흰색 도화지, 가위, 색연필, 솜, 풀

❶ 아이들에게 흰색 도화지에 손을 대고 색연필로 손 모양을 따라 그린 후 가위로 오리라고 한다.

tip 가위질이 어려운 아이는 도와준다.

❷ 색연필을 이용해 엄지손가락에는 눈을, 나머지 손가락에는 발을 그리게 한다. 손바닥 부분에 솜을 붙여 양을 완성하게 한다.

인도자 정말 잘 만들었어요! 재미있는 양들이네요! 오늘 우리는 성경에 나오는 형제의 이야기를 듣게 될 거예요. 형의 이름은 가인인데, 농작물을 키우는 농부였어요. 동생의 이름은 아벨인데, 양 같은 동물을 돌보는 목자였답니다. 함께 들어 보아요.

예배 대형으로 모이기

- 카운트다운 영상, 모이기 노래 등을 활용해 예배 대형으로 바꾸고 마음을 준비하게 한다.
- 공간을 이동해야 한다면 양 소리를 흉내 내며 가도록 한다.

가스펠 설교

하나 — 들어가기

인도자가 먼저 자신이 화가 났던 경험에 대해 이야기하고, 아이들에게 같은 경험이 있었는지 물어본다. 어떤 경우 사람들은 정당한 이유로 화를 내지만, 때로는 잘못된 이유로 화를 내기도 한다는 사실을 알려 준다.

오늘의 성경 이야기에서 아담과 하와의 첫째 아들인 가인은 화가 났어요. 하지만 그 이유가 잘못되었지요. 가인은 자기 동생 아벨을 질투해서 하나님께 화를 냈어요.

둘 — 성경 이야기

DVD 창세기 4장을 편다. 설교 영상(지도자용 팩)을 보여 주거나 이야기 성경을 들려준다.

성경보다 더 중요한 책이 있을까요? 없어요. 성경은 이 세상 전체를 통틀어서 가장 중요한 책이에요! 성경은 하나님의 말씀이고, 성경에 쓰인 모든 이야기가 진짜이기 때문이지요. 오늘의 성경 이야기는 성경 맨 앞에 있는 '창세기'에 나와요.

셋 — 메시지와 정리

죄는 하나님의 법을 어기는 거예요. 아담과 하와는 하나님이 먹지 말라고 하신 열매를 먹어 죄를 지었어요. 죄는 아담과 하와의 자녀들에게도 흘러갔어요. 그래서 그들의 첫째 아들인 가인도 죄를 지었답니다. 하나님은 가인이 자기 죄를 다스리기를 바라셨지만, 가인은 그렇게 하지 못했어요. 슬프게도 가인은 자기 동생을 죽게 했고, **하나님은 죄 때문에 가인에게 벌을 주셨어요.**

DVD 연대표(지도자용 팩)를 가리키면서 복습 질문을 한다.

1. 하나님은 누구의 제물을 기뻐하셨나요? 아벨
2. 하나님은 가인에게 어떤 경고를 하셨나요? 죄를 다스리라고 경고하셨다
3. 가인은 자기 동생에게 어떤 잘못을 저질렀나요? 자기 동생을 죽게 했다
4. 하나님은 땅을 떠돌아다니는 가인을 보호하기 위해 어떤 일을 하셨나요? 아무도 그를 죽게 하지 못하도록 표시를 주셨다
5. 아담과 하와의 셋째 아들의 이름은 무엇인가요? 셋

넷 — 성경의 초점

아주 중요한 질문을 하나 더 할게요. 지난주에 배운 '성경의 초점' 질문이에요. **"죄가 무엇인가요?"** 아이들의 대답을 기다린다. 네, 맞아요. **"죄는 하나님의 법을 어기는 거예요."** 오늘의 성경 이야기에서 가인은 동생 아벨을 죽게 하는 죄를 지었어요. **하나님은 죄 때문에 가인에게 벌을 주셨어요.** 가인은 이제 집도 없고, 쉴 곳도 찾지 못할 거예요. 농사를 지으려고 해도 가인의 밭에서는 아무것도 자라지 않을 거예요. 죄는 이렇게 큰 문제예요. 죄를 지으면 하나님께 벌을 받아요.

그렇지만 사랑의 하나님은 누군가가 하와의 자손으로 태어나 죄를 없애 줄 것이라고 약속하셨어요. 그는 가인이 아니었고, 아벨도 아니었고, 심지어 셋도 아니었어요. 그는 바로 예수님이세요. 예수님이 우리의 죄를 없애 주실 우리의 주님이세요.

다섯 — 복음 초청

성경과 111쪽 복음 초청 가이드를 이용해서 아이들에게 그리스도인이 되는 법을 설명해 준다. 따로 상담해 줄 사람을 정해 주고 궁금한 점이 있으면 물어보도록 격려한다.

이 시간 예수님을 마음에 모시고 싶은 친구는 함께 기도해요.

여섯 — 기도

하나님, 아담과 하와의 죄가 그 아들들에게도 흘러가서 그들 역시 죄를 짓게 되었다는 사실을 알게 해 주셔서 감사드려요. 또 선하신 하나님은 죄를 벌하시는 분이지만 죄를 짓는 우리를 정말 사랑하셔서 아들이신 예수님을 보내시고 우리의 죄를 대신해서 벌받게 하신 것도 알아요. 하나님, 감사해요. 사랑해요. 예수님의 이름으로 기도합니다. 아멘.

일곱 — 암송송

암송송(158쪽)에 맞추어 손유희를 하며 말씀을 익힌다.

"그러나 우리에게는 한 하나님 곧 아버지가 계시니 만물이 그에게서 났고 우리도 그를 위하여 있고 또한 한 주 예수 그리스도께서 계시니 만물이 그로 말미암고 우리도 그로 말미암아 있느니라"(고전 8:6).

tip 전체 구절 암송이 어려운 경우에는 표시 부분을 발췌해 외우거나 창세기 1장 1절을 암송해도 좋다.

알콩달콩 말씀 놀이

가인이 화가 났어요!

준비물 ▶ 유치부 교재 10쪽, 색연필

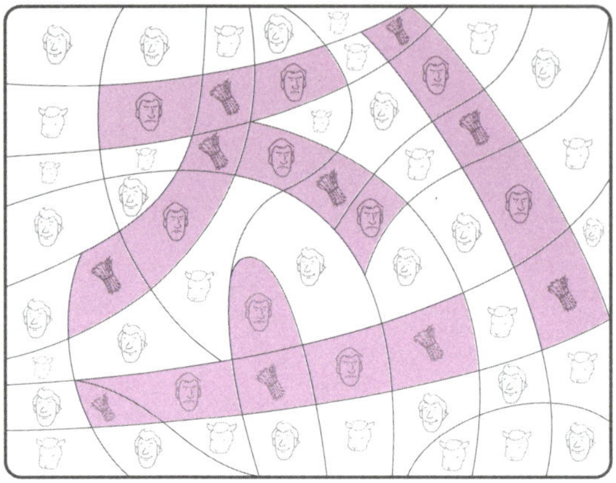

이야기 나누기
- 하나님은 가인과 아벨 중 누구의 제물을 기뻐 받으셨나요?
- 화가 난 가인은 어떻게 했나요?
- 가인은 어떻게 되었나요?
- 우리가 죄를 지으면 어떻게 되나요?

❶ 그림을 보고 어떤 그림인지 이야기를 나누어 본다.

❷ 인도자가 "가인은 ☐를 지어 하나님과 멀어졌어요"라고 쓰인 문장을 읽고 아이들에게 따라 읽게 한다.

❸ '가인'과 '가인의 제물'이 그려진 칸을 색칠하면, 빈칸에 들어갈 단어가 나온다고 말해 준다.

❹ ❷의 문장을 완성한 후 큰 소리로 다 함께 읽는다.

인도자 가인과 아벨이 모두 하나님께 제물을 바쳤지만 하나님은 동물의 제물을 드린 아벨의 제사만 기쁘게 받으셨어요. 하나님이 농작물을 싫어하셔서 가인의 제사를 받지 않으신 것은 아니에요. 그런데 화가 난 가인은 죄를 다스리지 못해 결국 동생을 죽게 하는 죄를 짓고 말았어요.

죄는 아주 큰 문제예요. 죄를 지으면 하나님께 벌을 받아요. 가인은 평생 동안 온 땅을 떠돌아다니며 살아야 했어요. 쉴 곳도 없이 말이에요. 가인은 하나님과 멀어졌고, 가족들과도 멀어졌어요. 우리도 죄를 지으면 하나님께 벌을 받아요. 하지만 우리에게는 죄를 대신 없애 주신 예수님이 계세요. 죄를 지으면 언제든지 예수님께 나아가 고백하고 용서를 받을 수 있어요.

비눗방울을 다스려요*

준비물 ▶ 비눗방울, 다양한 색깔의 동그라미 스티커(동전 크기)

❶ 예배실 벽이나 바닥에 다양한 색깔의 동그라미 스티커를 여러 개 붙여 둔다.

❷ 인도자가 비눗방울을 불면, 아이들이 한 명씩 차례대로 나와 비누방울에 입김을 불어서 인도자가 지정한 색깔의 동그라미 스티커 위에 떨어뜨리라고 한다.

인도자 비눗방울을 원하는 대로 움직이기란 여간 어려운 일이 아니네요! 죄를 원하는 대로 다스리는 것도 쉽지 않아요. 하나님은 가인에게 죄를 잘 다스리라고 말씀하셨어요. 하지만 가인은 죄를 다스리지 못했고, 다시 죄를 짓고 말았어요. 이번에는 질투에서 끝나지 않고 동생을 죽게 했지요. **하나님은 죄 때문에 가인에게 벌을 주셨어요.** 우리도 죄를 지으면 하나님께 벌을 받아요. 우리는 모두 죄인이기 때문에 죄를 잘 다스리지 못해요. 그래서 우리에게는 우리를 죄에서 구해 주실 누군가가 필요해요. 그분이 바로 예수님이세요! 예수님은 우리를 죄에서 구원하시고, 우리가 죄를 다스릴 수 있도록 도와주세요.

가족을 그려요 *

준비물 ▶ A4 용지, 연필, 색연필

❶ 아이들에게 A4 용지를 나누어 준 뒤 가족을 그려 보라고 한다. 그동안 인도자는 아담과 하와, 가인, 아벨의 가족을 그린다.

❷ 차례대로 앞으로 나와 자신이 그린 그림을 보여 주며 가족을 소개하는 시간을 갖는다.

❸ 인도자는 아담과 하와, 가인, 아벨의 가족을 그린 그림을 보여 주며 그 가족의 이야기를 들려준다.

인도자 아담과 하와가 죄를 지었기 때문에 그들의 자녀들도 죄인이었어요. 죄 때문에 아담과 하와의 둘째 아들이 죽었고, 아벨 위에 X자를 그린다. 첫째 아들은 가족의 품을 떠나야 했어요. 가인 위에 X자를 그린다. 죄 때문에 가족이 헤어지게 되었으니 아담과 하와는 얼마나 슬펐을까요? 하지만 하나님은 하와의 자손으로 태어날 누군가가 죄를 없앨 것이라고 약속하셨어요. 하나님은 아담과 하와에게 셋을 주셨어요. 셋을 그려 넣는다. 예수님은 셋의 자손으로 태어나 죄를 영원히 사라지게 만드실 거예요.

죄가 퍼져 나가요 *

준비물 ▶ 종이로 된 커피 필터, 수성 사인펜, 분무기, '성경의 초점' 질문과 답을 적은 라벨지

❶ 아이들에게 커피 필터를 나누어 주고 수성 사인펜을 이용해 예쁘게 꾸미라고 한다.

❷ 분무기에 물을 담아 ❶에 물을 뿌린 후 색이 번지는 모습을 주의 깊게 관찰하게 한다.

❸ ❷를 말린 다음 '성경의 초점' 질문과 답을 적은 라벨지를 붙여 준다.

인도자 커피 필터에 물을 뿌렸을 때 색깔이 번져 나가는 모습을 보았지요? 죄가 퍼져 나가는 모습도 이와 비슷해요. 아담과 하와가 죄를 지은 후 그들의 자녀들도 죄인으로 태어났어요. 이렇게 죄는 그들의 자손에게 계속해서 퍼져 갔고 점점 심해졌지요. 아담과 하와의 아들 가인은 동생을 죽게 했어요. 하나님은 거룩하신 분이기 때문에 죄를 반드시 벌하셔야 해요. **하나님은 죄 때문에 가인에게 벌을 주셨어요.** 하지만 하나님은 하나님의 아들 예수님을 보내 죄를 영원히 없애 버리겠다고 약속하셨어요.

소곤소곤 꿀~꺽 간식

준비물 ▶ 과일과 채소

❶ 카운트다운 영상, 정리하기 노래 등을 활용해 활동이 끝났음을 알린다. 아이들에게 주변을 정리하게 하고, 화장실에 가거나 물티슈 등을 이용해 손을 씻을 시간을 준다.

❷ 감사 기도를 드리고 과일과 채소를 간식으로 나누어 준다. 농사를 지었던 가인을 떠올려 보게 한다.

❸ 간식을 먹은 후 마무리 정리를 잘하도록 지도한다.

오순도순 마무리

준비물 ▶ 유치부 교재 43쪽 메시지 카드, 소그룹 활동지, 파일

❶ 이번 주 메시지 카드로 부모님과 함께 오늘 배운 성경 이야기를 나누어 보라고 한다.

가족과 활동해요

- 일주일 동안 여러 가지 활동을 할 때마다 그 활동이 어떻게 하나님께 드리는 제물이 될 수 있을지 이야기해 보세요.
- 사랑을 담은 작은 선물을 준비해 이웃과 나눠 보세요.

❷ 소그룹 활동지를 떼어 파일에 끼우고 가방에 정리하게 한다.

❸ 아이들을 위해 기도한다.

인도자 선하신 하나님, 죄를 벌하시는 것을 감사드려요. 우리 같은 죄인들을 정말 사랑하셔서 하나님의 아들 예수님을 보내시고, 우리 죄를 대신해서 벌을 받게 하신 것도 감사드려요. 우리가 죄를 지을 때 그 사실을 깨닫도록 도와주시고, 우리에게 힘을 주셔서 죄를 다스릴 수 있도록 도와주세요. 하나님, 사랑해요. 예수님의 이름으로 기도합니다. 아멘.

❹ 아이를 데리러 온 부모에게 아이가 특별히 즐거워했거나 잘했던 활동들에 대해 이야기해 주고, 가정에서 성경 읽기와 가족 활동을 진행할 수 있도록 격려한다.

나만의 기록장

아담과 하와, 셋 그리기

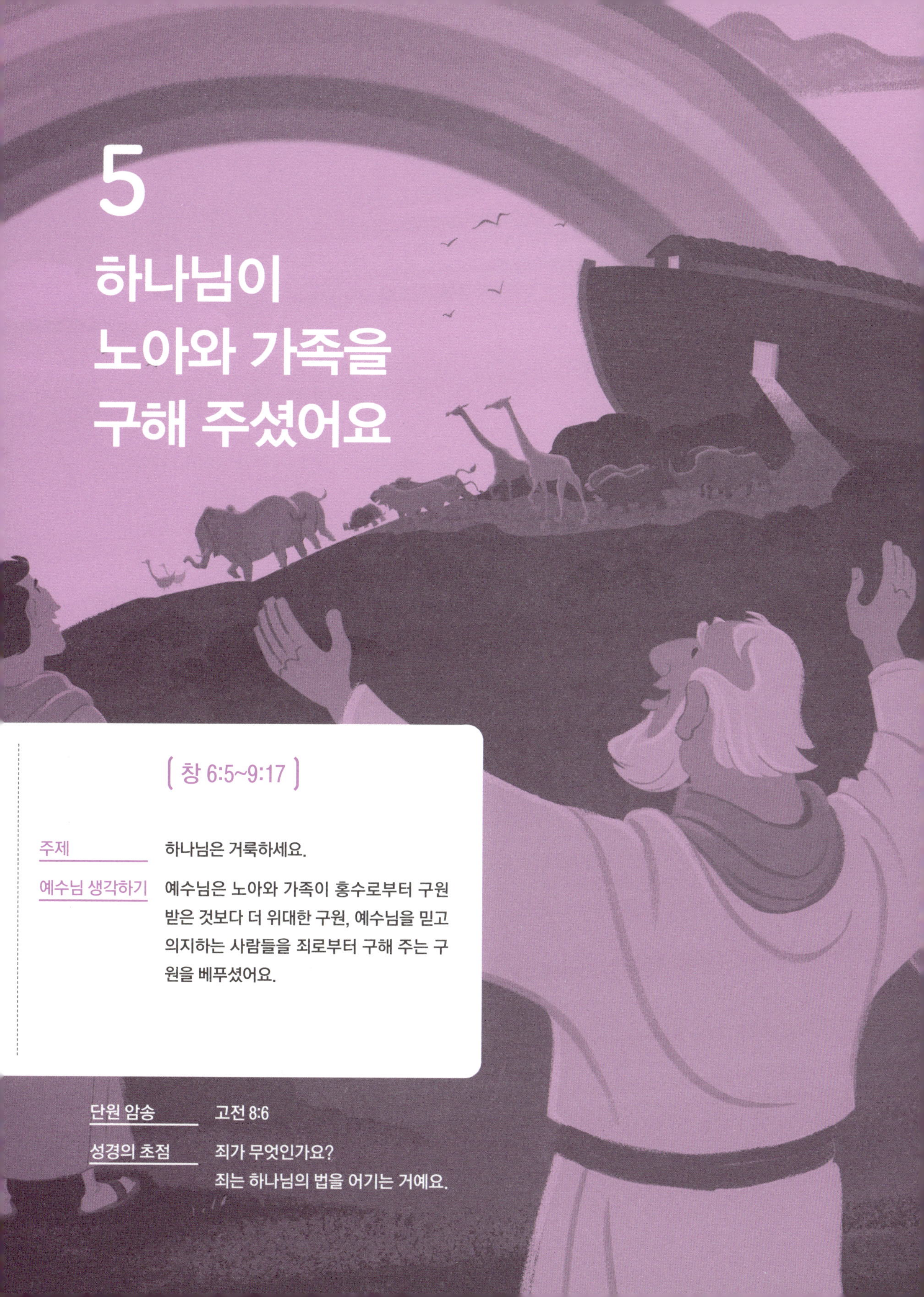

5

하나님이 노아와 가족을 구해 주셨어요

[창 6:5~9:17]

주제 하나님은 거룩하세요.

예수님 생각하기 예수님은 노아와 가족이 홍수로부터 구원받은 것보다 더 위대한 구원, 예수님을 믿고 의지하는 사람들을 죄로부터 구해 주는 구원을 베푸셨어요.

단원 암송 고전 8:6

성경의 초점 죄가 무엇인가요?
죄는 하나님의 법을 어기는 거예요.

본문 속으로

아담의 아들 셋은 912년을 살았습니다. 사람들의 죄에도 불구하고 하나님은 그들이 대를 이어 가며 살도록 도와주셨습니다. 셋의 9대손인 노아는 셋이 죽은 지 20년이 안 되어 태어났습니다. 대를 거듭할수록 땅에는 사람들이 늘어났습니다.

노아의 시대가 되자(아담으로부터 10대 후) 사람들은 더 이상 하나님을 따르지 않았습니다. 사실 성경은 이 상황을 한탄하며 기술하고 있습니다. "사람의 죄악이 세상에 가득함과 그의 마음으로 생각하는 모든 계획이 항상 악할 뿐임을…"(창 6:5).

하나님이 이 죄를 벌하신 것은 옳은 일이었습니다. 하나님은 홍수를 통해 이 땅을 깨끗하게 하기로 결심하셨습니다. 물이 온 땅을 덮을 것이고, 모든 것을 파괴할 것이었습니다. 그러나 하나님은 은혜롭게도 한 사람과 그의 가족을 구해 주기로 하셨습니다. 그가 바로 노아입니다. 하나님은 노아에게 홍수에 대해 경고하시며 방주를 지으라고 말씀하셨습니다.

노아는 다가오는 심판에 대한 하나님의 경고를 믿었습니다. 그는 말씀에 순종해 자신과 가족과 동물들을 구원할 방주를 열심히 만들었습니다. 하지만 그 일은 오랜 시간이 걸렸고, 아마도 노아는 그의 친구나 이웃들에게 조롱을 받았을 것입니다. "노아가 미친 것일까? 물도 없는 곳에 배를 짓다니!"

방주가 완성되자 하나님의 심판이 임했습니다. 홍수가 온 땅을 덮었습니다. 노아와 그의 가족은 방주 안에 안전하게 거했습니다. 하나님은 노아의 가족을 구하셨습니다. 하나님의 아들이 태어나시게 될 바로 그 가족 말입니다.

예수님도 다가오는 하나님의 심판에 대해 경고하실 것입니다. 하지만 예수님은 세상을 비난하시는 대신 죄인들을 구하기 위해 자기 생명을 바치실 것입니다. 하나님의 은혜가 없이는, 우리가 하는 모든 생각은 항상 악할 뿐입니다. 우리의 사악함은 널리 퍼졌고, 하나님이 우리를 지금 당장 멸하신다고 해도 할 말이 없습니다. 그런 우리를 위해 구원자를 예비하셨으니, 이 얼마나 큰 은혜입니까!

●● 티칭 포인트

아이들을 가르치기 전에, 아이들에게 복음을 명확하게 전달하게 해 달라고 주님께 도움을 구하십시오. 성령 하나님이 인도하셔서 아이들이 죄에 대한 하나님의 분노에서 우리를 구하시는 예수님을 영접하게 해 달라고 기도하십시오. 또한 아이들에게 끊임없는 사람들의 죄에도 불구하고 하나님은 은혜를 베푸시는 분임을 알려 주십시오.

이야기 성경

하나님이 노아와 가족을 구해 주셨어요

창 6:5~9:17

아담과 하와에게는 자녀들과 손자, 손녀들이 생겼어요. 곧 이 세상에는 사람들이 많아졌어요. 사람들은 모두 아담과 하와처럼 살았어요. 다들 잘못된 선택을 하면서 살았지요. 사람들은 하나님의 말씀대로 사는 것을 좋아하지 않았어요. 하나님은 그들이 못된 행동을 하고 나쁜 생각을 하는 모습을 보셨어요. 하나님은 무척 슬프셨어요.

하나님은 거룩하고 완전한 분이세요. 하나님은 사람들이 하나님의 말씀을 어기고 죄만 짓는 것을 보시고는 사람을 만든 것을 후회하며 가슴 아파하셨어요. 하나님은 큰 홍수를 보내 세상을 깨끗하게 하기로 결심하셨어요. 모든 사람이 홍수로 죽을 거예요. 하지만 하나님은 노아라는 사람에게 은혜를 베푸셨어요.

노아는 의로운 사람이었어요. 하나님은 노아에게 방주를 만들라고 말씀하셨어요. 방주란 아주 큰 나무 상자를 말해요. 하나님은 그에게 홍수를 보낼 계획을 알려 주셨어요. 노아와 그의 가족과 많은 종류의 동물들은 방주 안에서 살아남을 거예요.

노아는 하나님이 설명하신 대로 방주를 짓기 시작했어요. 아주 오랜 시간 동안 열심히 일한 끝에 방주를 완성했어요. 그는 방주에 가족과 동물들이 먹을 음식을 실었어요. 이것도 하나님이 말씀하신 대로 했지요. 모든 종류의 동물이 암컷과 수컷 한 쌍씩 방주로 나아왔어요. 비가 내리기 시작하자 노아와 그의 가족, 동물들은 방주로 들어갔어요. 하나님이 방주의 문을 닫으셨어요.

비는 40일 동안 밤낮으로 내렸어요. 물이 온 땅을 덮었어요. 높은 산들도 모두 잠겨 버렸지요. 땅 위에 있는 그 누구도 피할 수 없었어요. 하지만 방주는 물 위로 둥실 떠올랐어요. 방주 안에 있던 사람들과 동물들은 모두 안전했어요.

마침내 비가 그쳤어요. 하지만 땅은 아직 깊은 물로 덮여 있었지요. 하나님이 바람을 보내시자 물높이가 점점 낮아지기 시작했어요. 방주는 어느 산꼭대기에서 멈추었어요. 방주 안에 있던 사람들은 땅이 완전히 마를 때까지 기다렸어요.

어느 날 하나님이 노아에게 가족과 동물들을 데리고 방주에서 나오라고 말씀하셨어요. 노아는 가족과 동물들을 데리고 방주에서 나와 하나님께 감사의 제물을 바쳤어요. 하나님은 노아와 그의 가족, 동물들을 홍수에서 구하셨어요.

하나님은 노아의 가족에게 온 땅으로 퍼져 나가 여러 곳에 살면서 자녀를 많이 낳고, 이 세상을 돌보면서 살라고 말씀하셨어요. 하나님은 노아에게 다시는 온 세상을 물로 덮어 심판하지 않겠다고 약속하셨어요. 하나님은 약속의 표시로 구름 사이에 무지개를 두셨어요.

●● 예수님 생각하기

하나님은 온 세상의 죄를 벌하기 위해 홍수를 보내셨어요. 하지만 노아와 그의 가족은 구원하셨지요. 먼 훗날 하나님은 이보다 더 위대한 구원을 베푸셨어요! 예수님이 오셔서 사람들을 죄에서 구원하셨어요. 우리가 예수님을 믿고 의지하면 예수님은 우리가 받을 죄의 벌에서 우리를 구원하세요.

가스펠 준비

싱글벙글 — 환영해요

DVD "주의 말씀"(지도자용 팩)을 배경음악으로 튼다. 아이들을 반갑게 맞이하며 헌금과 기도를 도와준다. 예배 중 헌금 순서가 있다면 아이들이 헌금을 잘 간수하도록 돕는다. 가방과 외투를 정리하도록 안내한다. 새로 온 아이가 있다면 음수대와 화장실의 위치를 알려 주고, 보호자와 만나는 시간과 방법 등을 소개한다. 보호자들을 위한 안내문을 붙여 아이와 만나는 시간, 기다리는 장소, 헌금 방법, 아이에 대한 특별한 주의 사항을 교사에게 미리 알려 주기 등을 공지한다.

너랑 나랑 — 마음 열기

주제와 관련 있는 퍼즐이나 블록 등 아이들이 좋아하는 장난감을 몇 가지 비치해 두고 다양한 활동을 하며 예배를 준비하도록 돕는다. 아이들이 마음을 열고 오늘의 주제에 관심을 갖게 하며 예배에 집중할 수 있도록 도와준다. 교회 형편에 맞게 시간과 활동 방법을 조절한다.

물웅덩이를 건너뛰어요*

준비물 ▶ 파란색 도화지, 박스 테이프

❶ 아이들의 뛰는 폭에 맞게 파란색 도화지들을 바닥에 붙여 둔다.

❷ 아이들에게 차례로 나와 물웅덩이를 건너뛰게 한다.

인도자 비가 온 뒤 물웅덩이에서 뛰어노는 것은 참 재미있어요. 이렇게 흉내만 내도요! 오늘의 성경 이야기에서 하나님은 비가 40일 동안 밤과 낮으로 내리게 하셨어요. 이 비는 재미있지 않아요. 비가 너무 많이 와서 온 땅에 물난리가 났거든요. 하나님께는 이 땅에 홍수를 보내신 충분한 이유가 있었어요. 이제 오늘의 성경 이야기를 들으며 그 이유를 알아보기로 해요.

짝을 찾아요*

준비물 ▶ 한 쌍이 되는 물건들

❶ 한 쌍이 되는 물건들을 예배실 곳곳에 숨겨 둔다.

❷ 아이들에게 한 쌍이 되는 물건들을 찾아오라고 한 뒤 짝을 지어 놓아 본다.

인도자 '쌍'이라는 말은 둘씩 모여 짝을 이룬 것을 뜻해요. 오늘의 성경 이야기에서 하나님은 어떤 사람에게 동물들을 종류별로 한 쌍씩 방주에 태우라고 말씀하셨어요. 그가 누구인지, 하나님이 왜 그런 지시를 내리셨는지 이제 배워 보기로 해요.

예배 대형으로 모이기

- 카운트다운 영상, 모이기 노래 등을 활용해 예배 대형으로 바꾸고 마음을 준비하게 한다.
- 공간을 이동해야 한다면 친구를 찾아 둘씩 짝을 지어 가도록 한다.

가스펠 설교

하나 — 들어가기

준비물 ▶ 담요, 분무기

아이들을 한 줄로 세운 후 바닥에 미리 깔아 놓은 담요 위를 지나가게 한다. 이때 인도자가 아이들의 머리 위로 분무기를 이용해 물을 뿌린다.

여러분, 비 올 때 밖에 나가서 놀아 본 적이 있나요? 정말 재미있지요? 오늘의 성경 이야기에는 40일 동안 밤낮으로 비가 내린 이야기가 나와요. 그렇게 비가 많이 오면 나가서 놀 수 있을까요? 온 세상이 물로 뒤덮였는데 말이에요!

둘 — 성경 이야기

DVD 창세기 6~9장을 편다. 설교 영상(지도자용 팩)을 보여 주거나 이야기 성경을 들려준다.

오늘의 성경 이야기는 성경 맨 앞에 있는 '창세기'에 나와요. 성경은 이 세상 전체를 통틀어서 가장 중요한 책이에요! 성경에 쓰인 모든 이야기가 진짜예요. 지어낸 이야기가 아니지요. 성경은 하나님의 말씀이에요.

셋 — 메시지와 정리

하나님은 거룩하세요. '거룩하다'라는 말은 어떤 사람이나 그 어떤 것과도 같지 않고 다르다는 뜻이에요. 왜냐하면 하나님은 완전하셔서 죄를 지을 수 없는 분이시기 때문이지요. 그래서 하나님은 죄를 없애고 싶어 하세요. 하나님은 죄로 가득한 세상에 벌을 주시기 위해 홍수를 보내셨어요. 하지만 하나님은 사랑이시고 약속을 지키시는 분이기 때문에 노아와 가족을 구원하셨어요.

DVD 연대표(지도자용 팩)를 가리키면서 복습 질문을 한다.

1. 사람들이 자꾸 나쁜 행동을 했어요. 하나님이 기뻐하셨을까요? 아니다, 하나님은 슬퍼하셨다
2. 하나님은 노아에게 무엇을 하라고 말씀하셨나요? 방주를 지으라고 말씀하셨다
3. 누가 방주에 탔나요? 노아, 노아의 가족, 모든 동물의 종류별로 한 쌍씩
4. 하나님은 다시는 홍수로 땅을 심판하지 않겠다는 약속의 표시로 하늘에 무엇을 두셨나요? 무지개

넷 — 성경의 초점

아주 중요한 질문을 하나 더 할게요. '성경의 초점' 질문이에요. **"죄가 무엇인가요?"** 아이들의 대답을기다린다. 맞아요, **"죄는 하나님의 법을 어기는 거예요."** 사람들은 무슨 행동을 하든, 무슨 생각을 하든 늘 하나님의 법을 어겼어요. 그들의 마음은 악했지요. **하나님은 거룩하시기** 때문에 죄를 벌하셔야 해요. 하나님은 죄를 벌하시기 위해 홍수를 보내셨어요.

이 세상에서 유일한 진짜 신이신 하나님이 노아를 죄의 벌에서 구원하셨어요. 먼 훗날 하나님은 이보다 훨씬 더 위대한 구원을 베푸셨어요! 예수 그리스도께서 사람들을 죄에서 구원하기 위해 오신 거예요. 우리가 예수님을 믿고 의지하면 예수님은 우리가 우리의 죄 때문에 벌을 받지 않도록 구원해 주세요.

다섯 — 복음 초청

성경과 111쪽 복음 초청 가이드를 이용해서 아이들에게 그리스도인이 되는 법을 설명해 준다. 따로 상담해 줄 사람을 정해 주고 궁금한 점이 있으면 물어보도록 격려한다.

이 시간 예수님을 마음에 모시고 싶은 친구는 함께 기도해요.

여섯 — 기도

하나님, 하나님은 이 세상 그 무엇과도 같지 않고 다른 분으로서 죄가 없는 거룩한 분이심을 믿어요. 그래서 죄와 함께하지 못하시기 때문에 죄를 벌하려고 홍수를 보내셨다는 것을 알아요. 하지만 사랑의 하나님은 방주로 노아와 가족을 구하셨어요. 또한 우리 같은 죄인들을 정말 사랑하셔서 우리 대신 벌을 받게 하시려고 하나님의 아들 예수님을 보내셨어요. 예수님을 믿는 사람은 누구나 구원해 주셔서 감사해요. 하나님, 감사해요. 사랑해요. 예수님의 이름으로 기도합니다. 아멘.

일곱 — 암송송

암송송(158쪽)에 맞추어 손유희를 하며 말씀을 익힌다.

"그러나 우리에게는 한 하나님 곧 아버지가 계시니 만물이 그에게서 났고 우리도 그를 위하여 있고 또한 한 주 예수 그리스도께서 계시니 만물이 그로 말미암고 우리도 그로 말미암아 있느니라"(고전 8:6).

tip 전체 구절 암송이 어려운 경우에는 표시 부분을 발췌해 외우거나 창세기 1장 1절을 암송해도 좋다.

알콩달콩 말씀 놀이

방주는 끄떡없어!

준비물 ▶ 유치부 교재 12쪽, 31쪽 노아 이야기책, 파란색 색연필

이야기 나누기
- 왜 하나님은 홍수가 나게 하셨나요?
- 하나님은 노아와 그의 가족을 어떻게 구원하셨나요?

❶ 유치부 교재 31쪽의 노아 이야기책을 떼어 선대로 접어 책을 만들게 하고 둘씩 짝을 지어 서로에게 노아 이야기를 들려주게 한다.

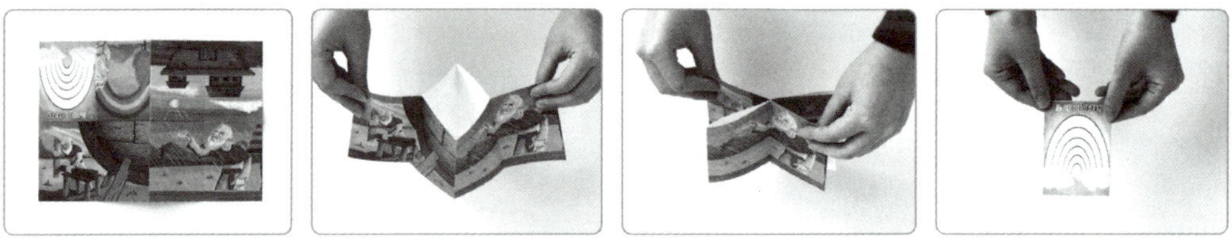

❷ 홍수 속에 방주가 둥둥 떠 있는 모습을 상상해 보게 한다.

❸ 방주 그림에 파란색 색연필을 이용해 비와 물을 표현해 보게 한다.

인도자 온 세상은 죄로 가득했어요. 죄와 함께하지 못하는 **거룩하신 하나님**은 죄로 가득한 더러운 세상을 깨끗하게 하고 싶으셨어요. 그래서 40일 밤낮으로 비가 내리게 하셨어요. 홍수로 죄를 벌하신 거예요. 하지만 사람들의 죄를 없애 주겠다는 약속을 잊지 않으신 하나님은 노아에게 은혜를 베풀어 그를 부르시고 방주를 만들라고 말씀하셨어요. 노아와 가족은 홍수로부터 구원을 받았고, 노아의 자손을 통해 약속의 구원자이신 예수님이 태어나셨어요.

무지개를 만들어요 *

준비물 ▶ 투명하고 입구가 넓은 병, 물, 병 속에 들어갈 만큼 작은 거울, 손전등, 담요

❶ 병에 물을 채운 뒤 깨지지 않는 작은 거울을 세워서 넣는다.

❷ 조명을 어둡게 한다.

tip 예배실이 너무 밝으면 책상 위에 병을 놓고 담요로 덮어 어두운 공간을 만들어도 좋다.

❸ 손전등을 켜서 병 속에 넣어 둔 거울에 비춘다.

❹ 손전등이나 거울의 각도를 조절해 무지갯빛이 예배실 벽이나 천장에 생기도록 한다.

❺ 아이들에게 손전등을 비춰 볼 기회를 차례대로 준다.

인도자 무지개의 예쁜 빛깔들을 보세요! 무지개를 만드신 **하나님은 거룩하세요.** 하나님은 죄를 벌하기 위해 세상에 홍수를 보내셨어요. 하지만 다시는 이 땅을 홍수로 심판하지 않겠다고 약속하셨고, 그 약속의 표시로 하늘에 무지개를 두셨어요. 하나님은 예수님을 보내 우리 대신 벌을 받게 하셨어요. 그래서 예수님을 믿고 의지하는 사람은 누구나 구원받을 수 있게 되었답니다.

무지개를 색칠해요 *

준비물 ▶ A4 용지, 크레파스, 고무줄(셀로판테이프)

❶ 아이들에게 크레파스를 색깔별로 5~6개 고르게 한 뒤 고무줄로 한데 묶어 준다. 이때 크레파스가 겹치지 않고 한 줄로 연결되도록 한다.

❷ 인도자가 묶은 크레파스를 잡고 A4 용지에 무지개를 그리는 시범을 보여 주고, 아이들에게 따라 하라고 한다.

인도자 하나님은 이 땅을 다시는 홍수로 심판하지 않겠다는 약속의 표시로 하늘에 무지개를 두셨어요. 언제나 약속을 지키시는 **하나님은 거룩하세요.** 하나님은 죄를 벌하시는 분이지만 사랑의 하나님이셔서 사람들을 죄로부터 구원하시기 위해 구원자 예수님을 이 땅에 보내 주셨어요.

사람들과 동물들을 모아요 *

준비물 ▶ 동물 및 사람 인형, 훌라후프, 스톱워치

❶ 동물 및 사람 인형을 예배실 곳곳에 숨긴 후 바닥에 훌라후프를 놓아 둔다. 훌라후프는 방주의 역할을 한다.

❷ 숨겨진 동물 및 사람 인형을 찾아 '방주'에 넣으면 된다는 게임의 규칙을 설명한다.

❸ 아이들을 한 줄로 세운 다음, 한 번에 한 명씩 출발해 동물 및 사람 인형 하나씩만 방주에 태우게 한다.

❹ 모든 동물과 사람 인형을 찾아 방주에 태울 때까지 게임을 계속한다.

tip 스톱워치를 이용해 동물 및 사람 인형을 더 빨리 방주에 태우게 하는 기록 게임으로 응용할 수 있다.

인도자 **하나님은 거룩하셔서** 죄와 함께하지 못하시기 때문에 사람들의 죄를 벌하셨어요. 하나님은 모든 사람에게 벌을 주실 수 있었지만, 노아와 그의 가족은 살려 주기로 결심하셨어요. 왜냐하면 노아와 그의 가족의 구원은 하나님이 우리를 죄의 벌에서 구원해 주시는 방법이었기 때문이에요. 노아의 자손으로 예수님이 태어나셨고, 예수님을 믿고 의지하는 사람은 누구나 죄의 벌에서 구원받을 수 있게 되었답니다.

소곤소곤 꿀~꺽 간식

준비물 ▶ 막대 과자와 동물 모양의 과자

❶ 카운트다운 영상, 정리하기 노래 등을 활용해 활동이 끝났음을 알린다. 아이들에게 주변을 정리하게 하고, 화장실에 가거나 물티슈 등을 이용해 손을 씻을 시간을 준다.

❷ 감사 기도를 드리고 막대 과자와 동물 모양의 과자를 간식으로 나누어 준다. 막대 과자로 방주를 만들고 그 안에 동물 모양의 과자를 넣어 보라고 한다.

❸ 간식을 먹은 후 마무리 정리를 잘하도록 지도한다.

오순도순 마무리

준비물 ▶ 유치부 교재 43쪽 메시지 카드, 소그룹 활동지, 파일

❶ 이번 주 메시지 카드로 부모님과 함께 오늘 배운 성경 이야기를 나누어 보라고 한다.

가족과 활동해요

- 노아와 그의 가족을 홍수에서 구해 주신 하나님의 은혜에 대해 가족과 함께 이야기해 보세요.
- 가족과 상의해 특별한 선물이나 도움이 필요한 이웃을 기억하며 사랑을 실천해 보세요.

❷ 소그룹 활동지를 떼어 파일에 끼우고 가방에 정리하게 한다.

❸ 아이들을 위해 기도한다.

인도자 하나님, 하나님은 거룩하시고, 하나님의 법도 거룩해요. 하나님은 죄를 벌하시는 분이에요. 하지만 우리 같은 죄인들을 정말 사랑하셔서 우리 대신 벌을 받게 하시려고 하나님의 아들 예수님을 보내 주셔서 감사드려요. 우리가 우리 자신의 죄를 깨닫게 도와주세요. 죄에서 돌아서서 하나님께 순종하도록 도와주세요. 하나님, 사랑해요. 예수님의 이름으로 기도합니다. 아멘.

❹ 아이를 데리러 온 부모에게 아이가 특별히 즐거워했거나 잘했던 활동들에 대해 이야기해 주고, 가정에서 성경 읽기와 가족 활동을 진행할 수 있도록 격려한다.

나만의 기록장

무지개 그리기

6

바벨탑을 쌓던 사람들이 흩어졌어요

[창세기 11:1~9]

주제　하나님은 하나님께 영광을 돌리게 하시려고 사람을 창조하셨어요.

예수님 생각하기　사람들은 하나님을 무시하고 하나님이 그들에게 원하시는 대로 살지 않았어요. 하나님은 그들의 말을 뒤섞어 온 땅으로 흩어지게 하셨어요. 예수님이 오시면 서로 다른 말을 쓰는 모든 나라의 사람들이 한데 모여 하나님께 예배드릴 거예요(계 7:9~10).

단원 암송　고전 8:6

성경의 초점　하나님은 왜 세상을 창조하셨나요? 하나님의 영광을 위해 창조하셨어요.

본문 속으로

홍수 이후, 하나님은 새롭게 출발하기 원하셨습니다. 창세기 9장 1절에서 하나님은 노아에게 "자녀를 많이 낳고 번성해 땅을 채워라"라고 명령하셨습니다. 이 명령은 창세기 1장 28절에서 아담과 하와에게 하신 명령을 그대로 되풀이하신 것입니다. 하나님은 에덴동산과 같은 낙원이 온 세상에 퍼져 나가기를 원하셨지만, 죄 많은 인간들에게는 다른 욕망이 있었습니다.

창세기 10장은 홍수 후에 땅 위로 퍼져 나간 나라들을 설명하고 있습니다(창 10:32). 사람들은 동쪽으로 이동하며 골짜기에 정착했습니다. 이 이야기는 하나님께 불순종하고, 죄를 선택하는 과정을 되풀이함으로써 우리에게는 구원자가 필요하다는 사실을 계속해서 깨우쳐 줍니다.

창세기 11장 2절을 보면, 사람들은 하나님의 명령대로 땅을 채우는 대신 도시를 건설하고, 하늘까지 닿는 높은 탑을 쌓을 계획을 생각해 냈습니다. 창세기 11장 4절을 보면, 사람들의 동기는 명확했습니다. "우리의 이름을 널리 알리자." 사람들은 흩어지기를 원하지 않았습니다. 그들은 하나님께 순종하면 하나님이 그들에게 좋은 것을 주실 것이라고 믿지 않았습니다. 오히려 자신들이 생각하기에 좋은 것을 자신들의 힘으로 얻고 싶어 했습니다.

사람들은 꼭대기가 하늘에 닿는 탑을 세우려고 노력했으나, 자신들을 하나님과 서로에게서 갈라놓는 데만 성공했을 뿐입니다. 하나님은 언어를 혼란스럽게 하셔서 그들을 온 땅으로 흩어 버리셨습니다. 그들은 도시 건축을 마치지 못했고, 그 도시의 이름은 '바벨'(히브리어의 '혼란'과 유사한 발음)이 되었습니다. 하나님이 그곳에서 사람들의 언어를 혼란스럽게 하셨기 때문입니다.

●● 티칭 포인트

사람들의 계획보다 훨씬 나은 하나님의 계획이 있다는 것을 아이들에게 가르쳐 줄 기회가 찾아왔습니다. 하나님의 계획은 사람들을 하나님께로 올라오게 하는 것이 아니라, 하나님이 사람들에게 내려가시는 것이었습니다. 하나님의 아들이신 예수님을 보내셔서 우리가 살 수 없는 완전한 삶을 살게 하시고, 우리의 죄의 결과인 죽음을 대신 감당하게 하시는 것이었습니다. 그것이 복음입니다. 아이들이 마음을 열고 복음을 받아들일 수 있도록 기도하십시오.

이야기 성경

바벨탑을 쌓던 사람들이 흩어졌어요

창 11:1~9

홍수가 끝난 뒤, 하나님은 노아의 가족에게 자녀들을 많이 낳고 온 땅으로 퍼져 나가 땅을 가득 채우라고 말씀하셨어요. 노아의 아들딸들은 결혼해 자녀를 많이 낳았어요. 곧 땅에는 사람들이 점점 늘어났지요.

어느 날 사람들은 마음에 드는 골짜기 하나를 발견하고는 그곳에서 살기 시작했어요. 그들은 온 땅으로 흩어지라는 하나님의 말씀을 듣지 않았어요. 사람들은 서로 말했어요. "우리는 대단해. 땅 여기저기로 흩어지지 말자. 힘을 합쳐 여기에 도시를 하나 만들고, 꼭대기가 하늘까지 닿는 탑도 하나 세우자. 그러면 모든 사람이 우리가 얼마나 대단한지 알게 될 거야."

하나님은 하나님께 영광을 돌리게 하시려고 사람을 창조하셨어요. 하지만 사람들은 하나님께 영광을 돌리기 싫어했어요. 자기가 영광을 받고 싶어 했지요. "하나님이 얼마나 위대하신지 봐!"라고 말하지 않고, "우리가 얼마나 대단한지 봐!"라고 말했지요. 그러나 하나님보다 위대한 분은 없어요.

벽돌을 구워 탑을 쌓는 일이 한창일 때 하나님이 탑을 보려고 내려오셨어요. 하나님은 사람들의 행동이 마음에 들지 않으셨어요. "사람들이 이 일을 시작했다면, 앞으로는 나쁜 일을 더 많이 생각해 낼 것이다. 그들을 막아야 한다." 그래서 하나님은 사람들의 말을 뒤섞어 버리셨어요. 사람들은 계획을 세우려고 해도 서로의 말을 알아들을 수가 없었어요. 어떤 사람이 "벽돌 하나 더 줘"라고 말해도 그가 무엇을 원하는지 아무도 몰랐지요.

사람들은 도시를 세우는 일을 멈춰야 했어요. 서로 말이 통하는 사람끼리 살려면 가족이라도 헤어질 수밖에 없었어요. 이것은 하나님이 하신 일이었어요. 홍수 후에 하나님이 그들에게 말씀하신 대로 살게 하려고 하나님이 그렇게 만드신 거예요. 사람들은 온 땅으로 흩어졌어요. 완성하지 못한 탑이 남아 있는 그 도시는 '바벨'이라고 불렸어요.

●● 예수님 생각하기

사람들은 하나님이 아니라 자기들이 유명해지기를 바랐어요. 그들은 하나님의 계획을 무시했고, 하나님이 그들에게 원하시는 대로 살지 않았지요. 하나님은 사람들의 말을 뒤섞어 그들을 온 땅으로 흩어지게 하셨어요. 언젠가 예수님이 오셔서 하나님의 백성을 다시 모으실 거예요. 서로 다른 말을 쓰는 모든 나라의 사람들이 한데 모여 하나님께 예배드릴 거예요(계 7:9~10).

가스펠 준비

싱글벙글 환영해요

DVD "나의 창조주"(지도자용 팩)를 배경음악으로 튼다. 아이들을 반갑게 맞이하며 헌금과 기도를 도와준다. 예배 중 헌금 순서가 있다면 아이들이 헌금을 잘 간수하도록 돕는다. 가방과 외투를 정리하도록 안내한다. 새로 온 아이가 있다면 음수대와 화장실의 위치를 알려 주고, 보호자와 만나는 시간과 방법 등을 소개한다. 보호자들을 위한 안내문을 붙여 아이와 만나는 시간, 기다리는 장소, 헌금 방법, 아이에 대한 특별한 주의 사항을 교사에게 미리 알려 주기 등을 공지한다.

너랑 나랑 마음 열기

주제와 관련 있는 퍼즐이나 블록 등 아이들이 좋아하는 장난감을 몇 가지 비치해 두고 다양한 활동을 하며 예배를 준비하도록 돕는다. 아이들이 마음을 열고 오늘의 주제에 관심을 갖게 하며 예배에 집중할 수 있도록 도와준다. 교회 형편에 맞게 시간과 활동 방법을 조절한다.

흩어졌다 모여요 *

준비물 ▶ 4가지 색깔의 도화지 각각 2장씩, 박스 테이프

❶ 예배실 바닥에 4가지 색깔의 도화지 1장씩을 간격을 많이 두어 붙이고, 나머지는 인도자가 손에 든다.

❷ 다 함께 "즐겁게 춤을 추다가 그대로 멈춰라" 노래를 부르면서 예배실 곳곳에 흩어져 있다가 인도자가 색도화지 한 장을 들면 재빨리 해당 색의 색도화지 주변에 둥그렇게 모여 서야 한다는 게임의 규칙을 설명해 준다.

❸ 시간 여유가 있다면 게임을 여러 번 반복한다.

인도자 흩어졌다가 모이는 활동을 해 보았어요. 홍수 후에 하나님은 노아의 가족에게 자녀를 많이 낳고 온 땅에 퍼져 나가 땅을 가득 채우라고 말씀하셨어요. 하지만 사람들은 하나님의 말씀대로 흩어지지 않았고, 자기들의 마음에 드는 골짜기로 옮겨 가 그곳에서 살았어요. 하나님께 불순종한 것이지요. 오늘의 성경 이야기를 통해 그들이 또 어떤 일을 했는지 알아보기로 해요.

종이컵 탑을 쌓아요 *

준비물 ▶ 종이컵, 줄자

❶ 아이들에게 종이컵을 나누어 주면서 종이컵을 높이 쌓는 다양한 방법에 대해 이야기를 나누어 본다.
예) 종이컵을 바로 놓고, 뒤집어 놓고, 또 바로 놓으면서 높이 쌓기, 피라미드로 쌓기 등.

❷ 아이들에게 최대한 높은 종이컵 탑을 쌓아 보라고 한다. 종이컵 탑이 완성되면 줄자를 이용해 길이를 재 가장 높은 탑을 뽑는다.

인도자 종이컵으로 탑 쌓기를 해 보았어요. 오늘의 성경 이야기에서 우리는 함께 도시를 건설하기로 한 사람들을 만나게 될 거예요. 그들은 하늘까지 닿는 탑도 쌓으려고 했지요. 그들은 왜 탑을 높이 쌓으려고 했을까요? 자기들이 얼마나 대단한지 모두가 알아주기를 바랐기 때문이에요. 이제 그 이야기를 자세히 들어 보아요.

예배 대형으로 모이기

- 카운트다운 영상, 모이기 노래 등을 활용해 예배 대형으로 바꾸고 마음을 준비하게 한다.
- 공간을 이동해야 한다면 키가 커 보이도록 깡충깡충 뛰며 가도록 한다.

가스펠 설교

하나 — 들어가기

아이들에게 예배실 곳곳으로 흩어지되 서로 몸이 닿지 않을 만큼 멀리 떨어져 서라고 말한다. 그런 다음 말씀을 듣는 곳으로 다시 모은다.

우리가 흩어지니까 예배실이 가득 찼어요. 홍수 후에 하나님은 노아와 가족에게 온 땅으로 흩어져 땅을 가득 채우라고 말씀하셨어요. 하지만 사람들은 하나님의 말씀을 듣지 않았지요. 오늘의 성경 이야기를 들으면서 어떤 일이 일어났는지 알아보기로 해요.

둘 — 성경 이야기

DVD 창세기 11장을 편다. 설교 영상(지도자용 팩)을 보여 주거나 이야기 성경을 들려준다.

성경은 이 세상 전체를 통틀어서 가장 중요한 책이에요! 성경은 하나님의 말씀이고, 성경에 쓰인 이야기는 다 진짜이기 때문이에요. 오늘의 성경 이야기는 성경 맨 앞에 있는 '창세기'에 나와요.

셋 — 메시지와 정리

하나님은 하나님이 얼마나 놀라운 분인지 보여 주시려고 세상을 창조하셨어요. 또한 **하나님은 하나님께 영광을 돌리게 하시려고 사람을 창조하셨어요.** 하지만 사람들은 하나님께 영광을 돌리고 싶어 하지 않았어요. 모든 사람에게 하나님이 얼마나 위대하신 분인지를 나타내는 대신, 자기들이 얼마나 대단한지를 자랑하고 싶어 했지요. 이 점이 바로 문제였어요.

DVD 연대표(지도자용 팩)를 가리키면서 복습 질문을 한다.

1. 홍수 후에 하나님은 사람들에게 어떻게 하라고 말씀하셨나요? 온 땅으로 흩어져 땅을 가득 채우라고 하셨다
2. 사람들은 자기들이 얼마나 대단한지 자랑하기 위해 무엇을 쌓기로 했나요? 꼭대기가 하늘에 닿는 탑
3. 하나님은 왜 사람들의 말을 뒤섞으셨나요? 사람들이 도시를 완성하고 나면 나쁜 일을 더 많이 할 것이기 때문에
4. 완성되지 못한 탑이 남아있는 도시의 이름은 무엇인가요? 바벨

넷 — 성경의 초점

이 단원의 '성경의 초점'의 질문은 **"하나님은 왜 세상을 창조하셨나요?"**예요. 이 질문의 답은 **"하나님의 영광을 위해 창조하셨어요"**랍니다. '하나님의 영광을 위하는 것'은 하나님이 얼마나 위대한 분이신지를 세상에 보여 주는 것을 말해요. 하지만 사람들은 온 세상이 자기들의 위대함을 알아주기를 바랐어요. 하지만 **하나님은 하나님께 영광을 돌리게 하시려고 사람을 창조하셨어요.** 우리는 "나 어때? 대단하지?"라고 말할 때가 아니라 "하나님 좀 봐! 정말 위대하시지?"라고 말할 때 가장 행복한 존재랍니다.

다섯 — 복음 초청

성경과 111쪽 복음 초청 가이드를 이용해서 아이들에게 그리스도인이 되는 법을 설명해 준다. 따로 상담해 줄 사람을 정해 주고 궁금한 점이 있으면 물어보도록 격려한다.

이 시간 예수님을 마음에 모시고 싶은 친구는 함께 기도해요.

여섯 — 기도

하나님, 우리 죄를 용서해 주시고 하나님을 찬양하게 해 주셔서 감사드려요. 언제나 예수님을 우리 마음속에 모시고 겸손한 마음으로 하나님을 찬양하도록 도와주세요. 우리의 마음대로 생각하거나 행동하지 않고 하나님의 말씀에 순종하는 우리가 되도록 도와주세요. 우리가 잘하는 것이 있다면 다 하나님의 능력 덕분이라는 사실을 깨닫게 해 주세요. 예수님의 이름으로 기도합니다. 아멘.

일곱 — 암송송

사람들은 한 분 하나님께 영광을 돌리는 것이 아니라 자기들이 유명해지고 싶어 했어요. 하나님은 그런 그들의 말을 뒤섞으신 후 온 땅으로 흩어 버리셨지요. 어느 날 우리의 구원자 예수님이 하나님의 백성을 한데 모으실 거예요. 그날이 되면 서로 다른 말을 쓰는 모든 나라의 사람들이 한자리에 모여 하나님께 예배를 드릴 거예요.

암송송(158쪽)에 맞추어 손유희를 하며 말씀을 익힌다.

"그러나 우리에게는 한 하나님 곧 아버지가 계시니 만물이 그에게서 났고 우리도 그를 위하여 있고 또한 한 주 예수 그리스도께서 계시니 만물이 그로 말미암고 우리도 그로 말미암아 있느니라"(고전 8:6).

tip 전체 구절 암송이 어려운 경우에는 표시 부분을 발췌해 외우거나 창세기 1장 1절을 암송해도 좋다.

알콩달콩 **말씀 놀이**

바벨탑의 최후

준비물 ▶ 유치부 교재 14쪽, 색연필

이야기 나누기
- 사람들은 왜 탑을 높이 쌓고 싶어 했나요?
- 하나님은 왜 사람을 창조하셨나요? (하나님의 영광을 위해 창조하셨어요.)
- 하나님은 하나님의 말씀을 따르지 않고 바벨탑을 쌓은 사람들에게 어떻게 하셨나요?

❶ 사람들이 자기 자신에게 영광을 돌리려고 쌓은 탑은 결국 어떻게 되었는지 물어보고 이야기를 나눈다.

❷ 미로를 통과하면서 완성되지 않은 바벨탑을 둘러보라고 한다.

인도자 오늘의 성경 이야기에서 우리는 꼭대기가 하늘까지 닿을 만큼 높은 탑을 쌓고자 했던 사람들의 이야기를 들었어요. 그들은 왜 그렇게 높은 탑을 쌓고 싶어 했나요? 바로 자기들이 얼마나 대단한지 다른 사람들이 알아주기를 바랐기 때문이에요. 하나님보다 높은 분은 없어요. **하나님은 하나님께 영광을 돌리게 하시려고 사람을 창조하셨어요.** 우리는 우리가 높아지려고 하지 말고 겸손하게 우리를 통해 하나님의 위대하심을 나타내야 해요.

나를 자랑해 보아요 *

❶ 아이들에게 각자 잘하는 것이 무엇인지 생각해 보라고 한다.

❷ 한 명씩 차례대로 앞으로 나와 자신이 잘하는 것을 발표하게 한다. 이때 마지막에 "하나님이 주신 능력 때문이에요"라고 이야기하도록 지도한다.

인도자 모두 잘하는 것이 많네요! 우리가 무엇인가를 잘할 수 있는 이유는 온전히 나의 능력 때문일까요? 아니에요! 우리는 하나님이 주시는 능력으로 할 수 있는 거예요. 하나님은 우리가 잘하는 것들을 통해서 하나님을 찬양하고 높여 드리기를 원하세요.

탑 쌓기 경주를 해요 *

준비물 ▶ 블록 2세트, 컬러 박스 테이프

❶ 아이들을 2팀으로 나눈 뒤 예배실 바닥에 컬러 박스 테이프를 이용해 표시해 둔 출발선 뒤에 한 줄로 세운다.

❷ 블록을 2세트 준비해 각 팀의 출발선 바로 앞에 두고, 출발선 맞은편에 탑을 쌓는 장소를 정해 아이들에게 알려 준다.

❸ 인도자가 "출발!"을 외치면 각 팀에서 차례로 한 명씩 나와 블록을 하나 들고 탑을 쌓는 장소로 달려가 블록 탑을 쌓고, 돌아와 팀의 줄 맨 뒤로 가서 서게 한다. 모든 블록을 먼저 사용해 탑을 쌓은 팀이 이긴다.

tip 탑을 가장 높이 쌓은 팀이 이기는 것으로 게임의 규칙을 바꾸어 다시 한 번 진행한다.

인도자 탑을 쌓는 일은 참 재미있군요! 이 게임에서는 여러분에게 탑을 쌓으라고 말했지만, 오늘의 성경 이야기에서 하나님은 사람들에게 그렇게 말씀하시지 않았어요. 하나님은 그들이 온 땅으로 퍼져 나가기를 바라셨어요. **하나님은 하나님께 영광을 돌리게 하시려고 사람을 창조하셨어요.** 하지만 사람들이 하늘까지 닿는 높은 탑을 쌓으려고 한 것은 하나님께 영광을 돌리는 일이 아니었어요. 하나님께 영광을 돌린다는 것은 하나님이 얼마나 높은 분이신지를 인정한다는 거예요. 그리고 내가 무엇인가를 잘하는 비결이 하나님의 능력 때문이라는 사실을 다른 사람들에게 보여 주는 거예요.

다른 말을 해요 *

준비물 ▶ 간단한 질문을 적은 종이, 동물의 울음 소리를 적은 종이

❶ 간단한 질문들과 동물의 울음 소리들을 각각의 종이에 적어 둔다.

예) 간단한 질문 : "오늘 날씨가 어떤가요?", "오늘 아침에 무엇을 먹고 왔나요?", "좋아하는 색이 무엇인가요?" 등.
동물의 울음 소리 : "야옹", "꿀꿀", "꽥꽥" 등.

❷ 아이들을 2팀으로 나눈 뒤 대표를 세운 후 앞으로 나오게 해 종이를 한 장씩 뽑게 한다. 이때 A팀은 질문 종이를, B팀은 동물 울음 소리 종이를 뽑으면 된다.

❸ 각 팀의 대표들에게 종이에 적힌 내용으로 대화해 보라고 한다. A팀이 질문을 던지면 B팀이 동물의 울음 소리로 답하는 식이다. A팀의 아이들은 동물의 울음 소리를 듣고 질문에 대한 답을 알아맞혀야 한다.

❹ 팀별로 종이의 내용을 바꾸어서 한 장씩 다시 뽑고 게임을 여러 번 진행한다.

❺ 게임을 한 후 대화가 통하지 않았을 때의 느낌을 말해 보도록 한다.

인도자 서로 말이 통하지 않으니 어떤 기분이 들었나요? 답답했지요? 하나님은 온 땅으로 흩어져 땅을 가득 채우라는 명령에 순종하지 않은 사람들의 말을 뒤섞어 우리가 한

게임처럼 서로 말이 통하지 않게 하셨어요. **하나님은 하나님께 영광을 돌리게 하시려고 사람을 창조하셨어요.** 그렇지만 사람들은 그들이 창조된 목적대로 살지 않았지요. 그들의 행동은 죄였어요. 하지만 언젠가 하나님은 서로 다른 말을 사용하는 모든 나라의 사람들이 함께 모여 하나님께 예배드리도록 하실 거예요.

복습 게임을 해 보아요 *

준비물 ▶ 성경 이야기 복습 카드(169~173쪽), 가위, 주사위 역할을 할 만한 상자

❶ 169~173쪽 성경 이야기 복습 카드를 잘라 상자 6면에 붙여 주사위를 만든다.

❷ 아이들을 한 줄로 세운 다음 맨 앞에 선 아이에게 주사위를 던지게 한다.

❸ 오늘의 성경 이야기 중에서 주사위를 던져 나온 그림과 일치하는 내용이 있으면 이야기해 보라고 한다. 이야기를 떠올릴 수 있도록 도와준다.

❹ 오늘의 성경 이야기를 전체적으로 훑어본 후 활동을 마무리한다.

인도자 **하나님은 하나님께 영광을 돌리게 하시려고 사람을 창조하셨어요.** 오늘의 성경 이야기에 나온 사람들은 하나님이 아니라 자기들이 유명해지기를 바랐어요. 그들은 하나님의 계획을 무시했고, 하나님이 그들에게 원하시는 대로 살지 않았지요. 하나님은 사람들의 말을 뒤섞어 그들을 온 땅으로 흩어지게 하셨어요. 언젠가 예수님이 오셔서 하나님의 백성을 다시 모으실 거예요. 서로 다른 말을 쓰는 모든 나라의 사람들이 한데 모여 하나님께 예배드릴 거예요.

소곤소곤 꿀~꺽 간식

준비물 ▶ 비스킷, 잼, 숟가락, 접시

❶ 카운트다운 영상, 정리하기 노래 등을 활용해 활동이 끝났음을 알린다. 아이들에게 주변을 정리하게 하고, 화장실에 가거나 물티슈 등을 이용해 손을 씻을 시간을 준다.

❷ 감사 기도를 드리고 비스킷과 잼을 간식으로 나누어 준다. 아이들에게 비스킷과 잼으로 탑을 쌓아 보라고 한다. 하나님이 사람들의 말을 뒤섞어 온 땅으로 흩으셨다는 사실을 다시 떠올려 준다. 언젠가 예수님이 하나님의 백성을 한데 모으시면 서로 다른 말을 쓰는 모든 나라의 사람들이 함께 하나님을 예배하게 될 것이라고 말해 준다.

❸ 간식을 먹은 후 마무리 정리를 잘하도록 지도한다.

오순도순 마무리

준비물 ▶ 유치부 교재 43쪽 메시지 카드, 소그룹 활동지, 파일

❶ 이번 주 메시지 카드로 부모님과 함께 오늘 배운 성경 이야기를 나누어 보라고 한다.

가족과 활동해요

- 교회에서나 지역 사회에서 우리 가족이 하나님께 영광을 돌릴 방법이 있는지 이야기해 보세요.
- 우리 가족이 다 함께 재능으로 하나님을 높일 구체적인 방법을 하나 생각해 그대로 실천해 보세요.

❷ 소그룹 활동지를 떼어 파일에 끼우고 가방에 정리하게 한다.

❸ 아이들을 위해 기도한다.

인도자 하나님, 하나님은 하나님을 온 세상에 알리기 위해 우리를 창조하셨어요! 그런데 우리는 자꾸 우리가 유명해지고 싶어 해요. 용서해 주세요. 우리를 통해 하나님이 온 땅에 유명해지시기를 원해요. 예수님의 이름으로 기도합니다. 아멘.

❹ 아이를 데리러 온 부모에게 아이가 특별히 즐거워했거나 잘했던 활동들에 대해 이야기해 주고, 가정에서 성경 읽기와 가족 활동을 진행할 수 있도록 격려한다.

나만의 기록장

탑 그리기

2 단원

언약을 맺으시는 하나님

하나님은 아브라함 및 그의 자손과 언약 관계를 시작하셨습니다. 그것은 하나님의 구속 계획을 이어 가시기 위해서였습니다. 하나님은 아브라함의 자손, 즉 이스라엘 나라를 통해 메시아 예수님을 보내심으로써 온 세상에 복을 주실 것입니다.

하나님이
아브라함과
언약을
맺으셨어요

하나님이
아브라함을
시험하셨어요

하나님이
다시
약속하셨어요

카운트다운

동물 농장

DVD

카운트다운 영상(지도자용 팩)은 예배 대형으로 모이거나 대형을 바꾸며 준비할 시간을 알리는 데 활용한다. 익숙해질 때까지 중간에 남은 시간을 알리는 것도 좋다.
예) "1분 전입니다", "30초 전입니다. 마음을 가다듬고 기도하며 하나님께 나아갑시다" 등.

단원 암송

성경이 무엇을 말하느냐 아브라함이 하나님을 믿으매 그것이 그에게 의로 여겨진바 되었느니라(롬 4:3).

로마서 4:3

작곡 : **김효정**

7

하나님이 아브라함과 언약을 맺으셨어요

(창 12:1~3, 15:1~21, 17:1~9)

주제 하나님은 아브라함에게 복을 주겠다고 약속하셨어요.

예수님 생각하기 하나님은 아브라함에게 자기 고향을 떠나 다른 나라로 가라고 말씀하셨어요. 하나님은 아브라함을 통해 세상 모든 사람에게 복을 주겠다고 약속하셨어요. 예수님은 사람들을 죄에서 구원하심으로써 땅의 모든 사람에게 복을 주세요.

단원 암송 롬 4:3

성경의 초점 하나님은 무엇을 약속하셨나요?
하나님은 하나님의 백성에게 복을 주겠다고 약속하셨어요.

본문 속으로

이 단원에서는 언약을 맺으시는 하나님을 만나게 됩니다. 홍수 이후 하나님은 노아와 그의 가족, 그리고 모든 생물과 언약을 맺으셨습니다. 하나님은 다시는 온 땅을 물로 덮지 않겠다고 약속하시고, 자신의 언약을 확정하기 위해 하늘에 무지개를 두셨습니다(창 9:8~17 참조). 하나님이 노아와 맺으신 언약은 무조건적이었습니다. 노아에게는 언약을 이행할 어떠한 책임도 없었습니다.

세월이 흘러 노아의 가족은 수가 많아졌습니다. 노아의 아들 셈도 자식을 낳았습니다. 셈의 10대손이 아브람입니다(창 11:10~26 참조). 아브람은 아내 사래와 아버지 데라, 그리고 조카 롯과 함께 가나안을 향해 길을 떠났습니다. 아브람이 75세가 되었을 때, 하나님은 그에게 가족과 고향을 뒤로하고 하나님이 지시하신 곳으로 가라고 하셨습니다. 하나님은 아브람의 자손 중 하나를 통해 온 세상에 복을 주겠다는 언약을 아브람과 맺으셨습니다(창 12:1~3). 믿음으로 아브람은 순종했습니다.

하나님이 아브람과 맺으신 언약은 무조건적이었습니다. 아브람의 시대에는 두 사람이 계약을 체결할 때, 동물을 반으로 쪼개어 놓고 양 당사자가 그 사이로 걸어가며 "만일 내가 계약에 따른 책임을 다하지 않으면 이 죽은 동물과 같이 될 것이다"라고 말하게 되어 있었습니다(창 15장 참조). 그런데 이번에는 연기 나는 화로와 타오르는 횃불만 동물들 사이를 지나갔습니다. 이것은 하나님만 이 계약을 지킬 의무가 있음을 보여 주신 것입니다.

99세가 되었을 때에도 아브람에게는 여전히 자녀가 없었습니다. 아브람에게 자녀가 하나도 없는데, 하나님은 아브람의 자손이 하늘의 별과 같이 많아질 것이라는 약속을 어떻게 지키실 수 있을까요? 그러나 하나님은 언약을 진지하게 생각하셨습니다. 하나님은 언제나 약속을 지키는 분이십니다. 하나님은 심지어 아브람의 이름마저 '아브라함'으로 바꾸셨습니다. 아브라함은 '여러 민족의 아버지'라는 뜻입니다.

●● 티칭 포인트

하나님은 반드시 약속을 지키는 신실하신 분이라는 것을 아이들에게 가르쳐 주십시오. 하나님은 아브라함을 통해 온 세상에 복을 주겠다고 약속하셨고, 때가 되자 예수님이 아브라함의 자손으로 태어나셨습니다(갈 4:4~5). 하나님이 아브라함에게 하신 약속을 예수님이 성취하신 것입니다(갈 3:8 참조). 예수님은 죄인들을 구원하기 위해 세상에 오셨습니다. 예수님을 통해 땅의 모든 나라가 복을 받게 되었습니다.

이야기 성경

하나님이 아브라함과 언약을 맺으셨어요

창 12:1~3, 15:1~21, 17:1~9

옛날에 아브람과 그의 아내 사래가 살았어요. 그들은 가족과 친척과 친구들 곁에서 살았지요. 어느 날 아브람에게 아주 특별한 일이 일어났어요. 하나님이 아브람에게 말씀하신 거예요! 하나님은 세상 모든 사람 중에서 아브람을 선택해 그와 언약을 맺으셨어요.

하나님은 아브람에게 한 번도 가 보지 않은 곳으로 이사를 가라고 말씀하셨어요. 아브람에게 자손이 많이 생길 것이라는 말씀도 하셨지요. 자손이 많다는 것은 아브람이 아이를 많이 낳고, 그 아이들도 아이들을 많이 낳아서 손자의 손자까지 많아진다는 뜻이에요. 하나님은 아브람의 자손으로 태어난 사람이 매우 많아서 아주 큰 나라가 될 것이라고 하셨지요. 하나님은 그들에게 살아갈 땅도 주실 것이고, 모두가 아브람이 누구인지 알게 될 것이라고 말씀하셨어요.

아브람은 하나님께 순종했어요. 하나님이 어떻게 자신에게 많은 자손을 주실지는 알 수 없었지만, 하나님이 약속을 지키실 것이라고 믿었어요.

어느 날 하나님이 아브람을 다시 찾아오셨어요. 하나님은 아브람에게 큰 상을 주겠다고 말씀하셨어요. 아브람은 하나님께 여쭈었어요. "제가 죽으면 그 상을 누가 갖겠습니까? 제게는 자식이 없습니다. 제가 가진 것은 모두 제 하인들 중 한 사람이 물려받게 될 것입니다." 그러자 하나님은 아브람을 밖으로 데리고 나가 말씀하셨어요. "하늘을 보아라. 저 별들을 셀 수 있겠느냐? 네 자손도 이와 같이 많을 것이다." 그런데 그때 아브람은 할아버지가 되어 가고 있었어요! 아내인 사래는 할머니가 되어 가고 있었고요! 할머니가 아기를 낳을 수 있을까요? 하지만 아브람은 그렇게 될 것이라고 믿었어요. 하나님이 말씀하셨기 때문이지요.

하나님은 아브람에게 땅도 주겠다고 약속하셨어요. 하나님은 자신이 반드시 약속을 지킬 것이라는 표시로 특별한 의식을 행하셨어요. 먼저, 하나님은 아브람에게 암소, 암염소, 숫양, 산비둘기, 집비둘기 새끼를 가져오라고 말씀하셨어요. 아브람은 하나님이 시키시는 대로 했어요. 해가 지자 연기 나는 화로와 타오르는 횃불이 나타나 동물들 사이로 지나갔어요. 하나님이 언약을 지킬 책임이 아브람에게 있지 않고 하나님께 있다는 뜻을 보여 주신 거예요.

아브람이 99세가 되었을 때 하나님이 아브람에게 다시 말씀하셨어요. "네 이름을 '아브라함'으로 바꾸겠다. 너는 많은 자손의 아버지가 될 것이다. 네 자손은 많은 나라를 이룰 것이며, 그중에는 왕도 있을 것이다. 나는 그들에게 지금 네가 살고 있는 이 땅을 주고, 그들의 하나님이 되겠다. 내 약속은 영원히 계속될 것이다."

●● 예수님 생각하기

하나님은 아브라함을 불러 자기 고향을 떠나 다른 나라로 가라고 하셨어요. 하나님은 아브라함을 통해 세상 모든 사람에게 복을 주겠다고 약속하셨어요. 예수님도 하늘나라를 떠나 땅에 있는 아브라함의 자손으로 오셨어요. 예수님은 사람들을 죄에서 구원하심으로써 땅의 모든 사람에게 복을 주세요.

가스펠 준비

싱글벙글 환영해요

DVD "기뻐하리라"(지도자용 팩)를 배경음악으로 튼다. 아이들을 반갑게 맞이하며 헌금과 기도를 도와준다. 예배 중 헌금 순서가 있다면 아이들이 헌금을 잘 간수하도록 돕는다. 가방과 외투를 정리하도록 안내한다. 새로 온 아이가 있다면 음수대와 화장실의 위치를 알려 주고, 보호자와 만나는 시간과 방법 등을 소개한다. 보호자들을 위한 안내문을 붙여 아이와 만나는 시간, 기다리는 장소, 헌금 방법, 아이에 대한 특별한 주의 사항을 교사에게 미리 알려 주기 등을 공지한다.

너랑 나랑 마음 열기

주제와 관련 있는 퍼즐이나 블록 등 아이들이 좋아하는 장난감을 몇 가지 비치해 두고 다양한 활동을 하며 예배를 준비하도록 돕는다. 아이들이 마음을 열고 오늘의 주제에 관심을 갖게 하며 예배에 집중할 수 있도록 도와준다. 교회 형편에 맞게 시간과 활동 방법을 조절한다.

별을 세어 보아요 *

준비물 ▶ 여러 가지 별(지도자용 팩), 가위

1. 여러 가지 별을 프린트해 오려 둔다.
2. 인도자가 다양한 모양의 별들을 섞어 놓고 아이들에게 같은 모양의 별을 모은 후 숫자를 세어 보라고 한다.
3. 모든 아이가 한 번씩 별을 세어 볼 수 있도록 게임을 반복한다.

인도자 여러분, 맑은 날 밤하늘에 있는 별을 세어 본 적이 있나요? 너무 많아서 세기가 어려웠지요? 오늘의 성경 이야기에서 하나님은 어떤 사람에게 그의 자손이 하늘의 별들만큼이나 많아질 것이라고 말씀하셨어요. 그것은 정말 많은 자손을 주겠다는 말씀이었는데, 문제가 있었어요. 그에게는 아직 아이가 하나도 없었거든요. 하나님은 어떻게 그에게 많은 자손을 주시려는 것일까요? 이제 이 궁금증을 풀어 볼까요?

새 이름을 가져요 *

준비물 ▶ 색도화지, 가위, 펀치, 털실, 사인펜(크레파스)

1. 아이들에게 색도화지를 한 장씩 나누어 준다.
2. 아이들에게 새 이름을 갖고 싶은 적이 있었는지, 그 이유가 무엇인지 물어본다.
3. 새 이름을 지은 후 색도화지에 써 준다. 아이에게 직접 쓰게 해도 좋다. 사인펜을 이용해 자신의 새 이름이 적힌 색도화지를 꾸며 보라고 한다.
4. 완성된 이름표에 펀치로 구멍을 뚫고 털실을 꿴 뒤 목에 걸 수 있도록 매듭을 짓는다.
5. 남은 시간 동안 서로에게 새 이름을 부르기로 약속한다.

인도자 오늘의 성경 이야기에서 하나님은 어떤 사람에게 아주 큰 약속을 하셨어요. 그리고 하나님이 그 약속을 얼마나 중요하게 생각하는지 보여 주시려고 그의 이름까지 바꾸어 주셨답니다. 그가 누구인지, 하나님이 어떤 약속을 하셨는지 이제 함께 알아보기로 해요.

예배 대형으로 모이기

- 카운트다운 영상, 모이기 노래 등을 활용해 예배 대형으로 바꾸고 마음을 준비하게 한다.
- 공간을 이동해야 한다면 "별 하나 나 하나, 별 둘 나 둘, 별 셋 나 셋…"을 외치며 가도록 한다.

가스펠 설교

하나 — 들어가기

아이들에게 '약속'이 무엇인지 물어본다. 누군가에게 약속했거나 누군가가 약속을 한 일이 있으면 이야기해 달라고 한다.

오늘의 성경 이야기에서 우리는 하나님이 아브람이라는 사람에게 하신 특별한 약속에 대해 배우게 될 거예요. 이 약속은 '언약'이라고 해요. '언약!'

둘 — 성경 이야기

DVD 창세기 12, 15, 17장을 편다. 설교 영상(지도자용 팩)을 보여 주거나 이야기 성경을 들려준다.

성경은 이 세상을 통틀어서 가장 중요한 책이에요! 성경은 하나님의 말씀이고, 성경에 쓰인 이야기는 다 진짜이기 때문이에요. 오늘의 성경 이야기는 성경 맨 앞에 있는 '창세기'에 나와요.

셋 — 메시지와 정리

하나님은 세상 모든 사람 중에서 아브라함을 선택해 '언약'을 맺으셨어요. **하나님은 아브라함에게 복을 주겠다고 약속하셨어요.** 하나님은 아브라함에게 자손을 많이 주겠다는 약속도 하셨지요. 예수님은 아브라함의 자손으로 오실 거예요.

DVD 연대표(지도자용 팩)를 가리키면서 복습 질문을 한다.

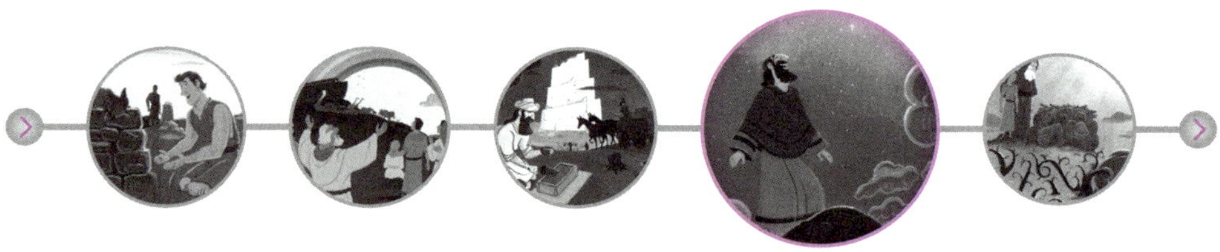

1. 하나님이 모든 사람 중에서 특별히 아브라함을 선택해 복을 주실 만큼 아브라함은 특별한 사람이었나요? 아니다
2. 하나님이 아브라함에게 주겠다고 약속하신 것은 무엇인가요? 많은 자손과 땅, 그리고 복
3. 아브라함은 하나님이 어떤 방법으로 자기에게 많은 자손을 주실지 알았나요? 몰랐다
4. 언약을 지킬 책임은 누구에게 있었나요? 하나님

넷 — 성경의 초점

이 단원의 '성경의 초점' 질문은 **"하나님은 무엇을 약속하셨나요?"**예요. 질문에 대한 답은 **"하나님은 하나님의 백성에게 복을 주겠다고 약속하셨어요"**랍니다. 하나님이 아브라함과 맺으신 언약으로 복을 받은 사람은 아브라함만이 아니었어요. 하나님은 아브라함에게 하신 약속을 지키기 위해 예수님을 아브라함의 자손으로 보내셨지요. 예수님은 사람들을 죄에서 구원해 이 세상 모든 사람에게 복을 주셨어요.

다섯 — 복음 초청

성경과 111쪽 복음 초청 가이드를 이용해서 아이들에게 그리스도인이 되는 법을 설명해 준다. 따로 상담해 줄 사람을 정해 주고 궁금한 점이 있으면 물어보도록 격려한다.

이 시간 예수님을 마음에 모시고 싶은 친구는 함께 기도해요.

여섯 — 기도

오늘도 우리에게 약속하시는 하나님, 감사해요. 아브라함과 약속하시고 그 약속을 이루신 하나님을 찬양해요. 우리도 매일 하나님과 약속하고, 그 약속을 믿고 하나님만 따라갈 수 있도록 도와주세요. 예수님의 이름으로 기도합니다. 아멘.

일곱 — 암송송

성경에서 로마서 4장 3절을 펴고 큰 소리로 여러 번 따라 읽게 한다.

하나님은 아브라함에게 복을 주겠다고 약속하셨어요. 아브라함은 하나님의 약속을 믿었지요. 비록 나이가 많고 아직 아이가 없었지만, 아브라함은 하나님을 믿었어요. 그는 하나님이 하겠다고 하신 일은 반드시 이루실 것이라고 믿었어요.

암송송(159쪽)에 맞추어 손유희를 하며 말씀을 익힌다.

"성경이 무엇을 말하느냐 아브라함이 하나님을 믿으매 그것이 그에게 의로 여겨진바 되었느니라"(롬 4:3).

tip 전체 구절 암송이 어려운 경우에는 표시 부분을 발췌해 외워도 좋다.

알콩달콩 말씀 놀이

별을 세어 보아라!

준비물 ▶ 유치부 교재 16쪽, 색연필

이야기 나누기
- 하나님은 아브라함에게 어떤 약속을 하셨나요?
- 하나님도 사람들처럼 약속을 어기실 때가 있을까요?
- 약속을 받은 아브라함의 마음은 어떠했을까요?

❶ 그림에서 큰 별과 작은 별이 각각 몇 개인지 세어서 네모 칸에 적어 보게 한다.

❷ 점 같이 작은 별들도 모두 세어 보라고 한다. 별이 너무 많아서 다 셀 수가 없음을 확인하고 이와 같이 많은 자손을 주시겠다는 약속이었음을 짚어 준다.

❸ '별 그리기 연습장'에서 별 그리기를 연습하고 하늘 가득 별을 그려 보라고 한다.

인도자 누가 이 별들을 만드셨을까요? 하나님이 큰 별과 작은 별 모두를 만드셨지요. 그 하나님이 아브라함에게 약속하셨어요. 하늘의 많은 별처럼 아브라함에게 많은 자손을 주시겠다고요! 아브라함은 그 약속을 믿었어요. 그리고 하나님은 약속을 이루셨지요. 약속대로 아브라함의 자손 중에 예수님이 태어나셨어요. 하나님은 오늘도 우리와 약속하시는 하나님이에요.

동물들 사이로 걸어요 *

준비물 ▶ 마스킹 테이프, 동물 인형들

❶ 예배실 바닥에 마스킹 테이프를 45cm 간격으로 나란히 두 줄 붙여 길을 만든다.

❷ 길의 양옆에 동물 인형들을 놓아 둔다.

❸ 출발선에 아이들을 한 줄로 세운 후 한 명씩 길을 걷게 하되, 인도자의 지시를 따라 행동하며 걷게 한다.
예) 아장아장 아기 걸음, 쿵쿵 거인 걸음, 폴짝 뛰기, 기어가기 등.

❹ 길 끝에 도착한 아이에게는 출발선으로 돌아와 줄 맨 뒤에 서라고 말한다. 시간 여유가 될 때까지 게임을 반복한다.

인도자 **하나님은 아브라함에게 복을 주겠다고 약속하셨어요.** 아브라함이 살던 시절에는 사람들이 언약을 맺을 때, 즉 중요한 약속을 할 때 특별한 의식을 치렀대요. 그것은 약속에 따른 책임을 반드시 지키겠다는 의미였어요. 오늘의 성경 이야기에서 하나님은 연기 나는 화로와 타오르는 횃불의 모습으로 동물들 사이를 지나가셨어요. 이때 아브라함은 지나가지 않았지요. 이것은 언약을 지킬 책임이 아브라함에게 있지 않고 하나님께 있다는 뜻이에요.

여행 가방을 싸요 *

준비물 ▶ 여행용 가방, 여행 갈 때 필요한 물건들(실물 또는 잡지 사진이나 그림으로 대체), 세계지도(167쪽 또는 지도자용 팩)

DVD

❶ 여행용 가방에 물건들을 정리해 넣으면서 아이들과 여행에 대해 이야기를 나눈다.

❷ 아이들에게 세계지도를 보여 주고, 여행하고 싶은 나라에 대해 나누거나 세계 곳곳을 여행하며 예수님의 복음을 전하는 선교사님들에 대해서 이야기한다.

인도자 하나님은 아브라함에게 고향을 떠나 다른 나라로 가라고 말씀하셨어요. **하나님은 아브라함에게 복을 주겠다고 약속하셨어요.** 세상 모든 사람이 아브라함을 통해 복을 받게 될 것이라는 약속도 하셨지요. 하나님은 오늘날에도 다른 나라 사람들에게 복을 주시기 위해 우리에게 자기 고향을 떠나 그 나라로 가라고 말씀하실 때가 있어요. 이렇게 복음을 전하기 위해 다른 나라로 가는 사람들을 '선교사'라고 불러요. 선교사님들은 예수님이 우리를 죄에서 구원하셨다는 기쁜 소식과 함께 하나님의 복을 전달한답니다.

별이 빛나는 밤하늘을 그려요 *

준비물 ▶ 검정색 도화지, 별과 달 모양의 도장, 밝은 색 스탬프잉크, 별과 달 모양의 스티커

❶ 아이들에게 검정색 도화지에 별과 달 모양의 도장과 밝은 색 스탬프잉크, 별과 달 모양의 스티커를 이용해 자기만의 별자리를 만들거나 밤하늘을 별들로 가득하게 해 보라고 한다.

❷ 한 명씩 차례대로 앞으로 나와 자신의 별자리에 대해 설명하는 시간을 갖는다.

인도자 **하나님은 아브라함에게 복을 주겠다고 약속하셨어요.** 하나님은 아브라함이 하늘의 별들처럼 많은 자손을 갖게 될 것이라고 말씀하셨어요. 그리고 세상 모든 사람이 아브라함의 자손을 통해 복을 받게 될 것이라는 약속도 하셨어요. 하나님은 예수님을 아브라함의 자손으로 태어나게 하셔서 이 약속을 지키셨어요. 예수님은 온 땅의 모든 사람에게 복을 주시는 분이에요. 왜냐하면 그분을 믿고 의지하는 사람들을 죄에서 구해 주시기 때문이에요!

똑같은 카드를 찾아요 *

준비물 ▶ 짝 맞추기 카드(175쪽), 가위

❶ 짝 맞추기 카드(175쪽)를 오려 준비한다.

❷ 카드의 그림이 보이지 않게 뒤집어 격자무늬로 배열한다.

❸ 카드는 한 번에 2장씩 뒤집을 수 있으며, 똑같은 카드를 찾은 아이는 카드를 가질 수 있다는 게임의 규칙을 설명해 준다.

tip 연령대가 낮은 경우 그림이 위로 오도록 해 게임을 진행한다.

❹ 게임을 하는 동안 카드의 그림을 보며 오늘의 성경 이야기를 떠올려 준다.

인도자 하나님은 아브라함에게 고향을 떠나 다른 나라로 가라고 말씀하셨어요. 하나님은 아브라함에게 복을 주실 것이며, 세상 모든 사람이 그를 통해 복을 받을 것이라는 약속도 하셨어요. 예수님은 하나님 나라를 떠나 아브라함의 자손으로 이 땅에 오셨어요. 예수님을 통해 모든 사람이 복을 받아요. 왜냐하면 예수님은 예수님을 믿는 모든 사람을 구원해 주시기 때문이에요.

가사를 바꾸어 노래 불러요 *

❶ "반짝 반짝 작은 별"을 가사를 바꾸어 노래한다.

아브라함 / 별을 세어 보렴 / 너무 많아서 / 셀 수 없어요 / 수많은 / 저 별들처럼 / 네 자손도 / 많아질 거란다
꼭꼭 약속을 / 지킬게 / 걱정 말고 / 믿으렴.

인도자 **하나님은 아브라함에게 복을 주겠다고 약속하셨어요.** 하나님은 아브라함에게 하늘의 별들만큼 많은 자손을 주실 거예요. 아브라함의 자손은 살아갈 땅도 갖게 될 거예요. 모든 사람이 아브라함이 누구인지 알게 될 거예요. 예수님은 아브라함의 자손으로 이 땅에 오셨어요. 예수님은 사람들을 죄에서 구원하세요. 예수님은 모든 복 중에서 가장 큰 복이세요!

모래 놀이를 해요 *

준비물 ▶ 비닐 식탁보, 넓적한 플라스틱 통, 모래, 모래 놀이 도구

tip 작은 편백나무 조각을 모래 대신 이용해도 좋다.

❶ 바닥에 비닐 식탁보를 깔고 모래를 5cm 정도 두께만큼 담은 플라스틱 통을 올려 둔다.

❷ 아이들에게 모래 놀이 도구를 주어 모래로 다양한 놀이를 하게 한다.

tip 미리 모래 속에 무엇인가를 숨겨 놓아 아이들이 찾을 수 있게 해도 좋다.

인도자 이 통에 있는 모래알이 모두 몇 개나 될까요? 아마 하루 종일 세도 다 못 셀 거예요! 하나님은 아브라함에게 바닷가의 모래알처럼 많은 자손을 주겠다고 약속하셨어요. 엄청나게 많은 수이지요? 아브라함은 하나님이 약속을 지키실 것이라고 굳게 믿었어요.

소곤소곤 꿀~꺽 간식

준비물 ▶ 별이나 동물 모양의 과자

❶ 카운트다운 영상, 정리하기 노래 등을 활용해 활동이 끝났음을 알린다. 아이들에게 주변을 정리하게 하고, 화장실에 가거나 물티슈 등을 이용해 손을 씻을 시간을 준다.

❷ 감사 기도를 드리고 별이나 동물 모양의 과자를 간식으로 나누어 준다. 간식을 먹으며 하나님이 아브라함에게 하신 약속을 다시 이야기해 준다. 하나님은 반드시 언약을 지키겠다는 표시로 언약 의식을 행하셨다고 말한다. 하나님은 연기 나는 화로와 타오르는 횃불이 동물들 사이로 지나가게 하셨지만 아브라함은 지나가지 않았다는 점을 다시 한 번 짚어 준다. 약속을 지킬 책임이 아브라함에게 있지 않고 하나님께만 있다는 것을 보여 주시기 위해서라는 것도 함께 이야기해 준다.

❸ 간식을 먹은 후 마무리 정리를 잘하도록 지도한다.

오순도순 마무리

준비물 ▶ 유치부 교재 43쪽 메시지 카드, 소그룹 활동지, 파일

❶ 이번 주 메시지 카드로 부모님과 함께 오늘 배운 성경 이야기를 나누어 보라고 한다.

가족과 활동해요

- 가족과 함께 맑은 날 밤하늘을 보면서 별을 세어 보세요. 언제나 약속을 지키시는 하나님에 대해 이야기를 나눠 보세요.
- 야광 별 스티커로 방을 꾸미고 밤마다 아브라함에게 주신 하나님의 약속을 기억해 보세요.

❷ 소그룹 활동지를 떼어 파일에 끼우고 가방에 정리하게 한다.

❸ 아이들을 위해 기도한다.

인도자 하나님, 예수님을 주셔서 감사해요! 예수님이 하나님 나라를 떠나서 아브라함의 자손으로 이 땅에 오게 하신 것도 감사해요. 우리 같은 죄인들에게 구원받을 수 있는 길을 열어 주셔서 감사해요. 우리가 무엇을 하든지 하나님을 따를 수 있도록 도와주세요. 예수님의 이름으로 기도합니다. 아멘.

❹ 아이를 데리러 온 부모에게 아이가 특별히 즐거워했거나 잘했던 활동들에 대해 이야기해 주고, 가정에서 성경 읽기와 가족 활동을 진행할 수 있도록 격려한다.

나만의 기록장

가족 그리기

8

하나님이 아브라함을 시험하셨어요

[창 22:1~19]

주제 아브라함이 하나님을 믿었어요.

예수님 생각하기 아브라함은 하나님을 믿었어요. 아브라함이 하나밖에 없는 아들 이삭도 하나님께 드리려고 하자 하나님은 이삭을 대신하기 위해 준비해 둔 숫양을 보여 주셨어요. 하나님은 세상을 죄에서 구원하기 위해서 자기 아들 예수님을 기꺼이 내어 주셨어요. 예수님은 우리를 대신해 죽으셨어요.

단원 암송 롬 4:3

성경의 초점 하나님은 무엇을 약속하셨나요?
하나님은 하나님의 백성에게 복을 주겠다고 약속하셨어요.

본문 속으로

100살이 훌쩍 넘은 아브라함은 하나님으로부터 또 하나의 메시지를 받았습니다. 그것은 사실 시험이었습니다. 하나님은 아브라함에게 그의 아들, 약속의 아들인 이삭을 하나님이 일러주시는 산으로 데려가서 제물로 바치라고 지시하셨습니다. 그토록 오랜 세월을 기다려 얻은 아들을 말입니다!

그러나 아브라함은 순종했습니다. 아브라함은 다음 날 아침 일찍 일어나 길을 떠났습니다. 혹시 하나님이 마음을 바꾸실지 기다리지도 않고, 나귀에 안장을 얹고 장작을 챙겨 두 종과 아들을 데리고 하나님이 명령하신 대로 길을 떠났습니다. 그들은 사흘 동안 걸어서 하나님이 아브라함에게 제사를 드리라고 말씀하신 산에 도착했습니다. 아브라함은 종들에게 나귀와 함께 기다리라고 말한 뒤에, 이삭과 함께 제사에 필요한 물건들을 들고 산에 올랐습니다.

이삭은 무엇인가가 빠졌다는 것을 알아차렸습니다. "장작도 있고, 불도 있는데 어린양은 어디 있습니까?"라고 이삭이 물었습니다. 아브라함은 하나님이 직접 제물을 준비하실 것이라고 대답했습니다. 그리고 하나님은 정말 그렇게 하셨습니다.

이쯤 되면, 아브라함은 '하나님은 무엇이든 하실 수 있는 분'이라 믿는 최고의 믿음을 가졌다고 할 수 있습니다. 우리는 히브리서 11장 19절을 통해 아브라함의 마음을 조금 엿볼 수 있습니다. "그가 하나님이 능히 이삭을 죽은 자 가운데서 다시 살리실 줄로 생각한지라."

하나님은 이삭 대신 번제물로 드릴 숫양을 준비해 놓으셨습니다. 이삭은 살려 두셨습니다. 예배를 드린 후 아브라함과 이삭은 집으로 돌아왔습니다. 그 예배야말로 대단히 감격스러운 예배였을 것입니다.

●● 티칭 포인트

우리가 비록 하나님의 계획을 다 이해할 수 없을 때에도 하나님은 늘 선하시고, 신실하시고, 모든 것을 다스리는 분이심을 아이들이 기억할 수 있도록 도와주십시오. 언약을 반드시 지키시는 하나님을 신뢰하는 모범을 보여 주십시오.

신약성경에서 하나님은 세례 요한을 통해 "어린양은 어디 있습니까?"라는 이삭의 질문에 대한 최종적인 대답을 주십니다. "보라 세상 죄를 지고 가는 하나님의 어린 양이로다"(요 1:29). 하나님은 아브라함을 위해 숫양을 준비해 두셨지만, 온 인류를 위해서는 자신의 아들 예수 그리스도를 마지막 희생양으로 준비하셨습니다.

이야기 성경

하나님이 아브라함을 시험하셨어요

창 22:1~19

하나님은 아브라함과 사라에게 아무도 세지 못할 정도로 많은 자손을 주겠다고 약속하셨어요. 하늘의 별들만큼 많이 말이에요. 그런데 두 사람에게는 아직도 아이가 없었어요! 하나님이 아브라함과 사라에게 아들을 주신 것은 그들이 할아버지, 할머니가 되고 난 다음이었어요. 아이의 이름은 이삭이었지요. 하나님은 세상 모든 사람이 아브라함과 사라의 자손을 통해 복을 받을 것이라고 말씀하셨어요. 그래서 그들의 아들 이삭은 아주 특별했어요.

얼마 후 하나님은 어떤 것보다도, 어떤 사람보다도 하나님이 훨씬 더 중요하다는 사실을 아브라함에게 보여 주고 싶으셨어요. 그래서 하나님은 아브라함을 시험하셨어요. 하나님은 아브라함에게 아주 이상한 명령을 내리셨어요. 그것은 아들 이삭을 하나님이 말씀하시는 산으로 데리고 가 하나님께 제물로 바치라는 명령이었어요.

오래전 구약성경 시대에는 하나님께 자신의 사랑을 표현하거나, 어떤 일로 감사를 드리고 싶거나, 또는 "하나님, 잘못했어요. 용서해 주세요"라고 말하고 싶은 사람은 하나님께 제물을 드렸어요. 바칠 것이 동물인 경우에는 동물을 죽게 해서 제물로 드렸지요. 사람들은 가장 좋은 동물을 골라 하나님께 바쳤어요. 그런데 이번에 하나님이 명령하신 것은 동물이 아니었어요. 하나님은 아브라함에게 아들 이삭을 제물로 바치라고 말씀하신 거예요.

아브라함은 이삭을 정말로 사랑했어요. 분명히 하나님은 이삭도 많은 자손을 갖게 될 것이라고 약속하셨어요. 그런데 아브라함이 이삭을 제물로 바친다면 하나님이 어떻게 그 약속을 지키실 수 있을까요?

아브라함은 하나님이 모든 일을 바로잡으실 것이라고 믿었어요. 하나님이 어떻게 하실지는 알 수 없었지만, 하나님이 이삭에 대해 하신 약속을 지키실 것이라고 확신했지요. 그래서 아브라함은 순종했어요.

아브라함은 다음 날 아침 일찍 일어나 이삭과 두 종을 데리고 나귀에 필요한 물건을 싣고 떠났어요. 사흘을 걷자 하나님이 아브라함에게 말씀하신 산에 도착했어요. 아브라함은 이삭만 데리고 산에 올라갔어요. "아버지! 하나님께 제물로 바칠 어린양은 어디 있나요?" 이삭이 묻자 아브라함이 대답했어요. "어린양은 하나님이 직접 준비하실 거란다."

아브라함은 제단을 쌓고 이삭을 하나님께 바치려고 했어요. 바로 그때 하늘에서 큰 목소리가 들렸어요. "아브라함아, 아브라함아!" 아브라함은 멈추었어요. 하나님의 천사는 "아이에게 네 손을 대지 말라. 그에게 아무 일도 하지 말라. 네가 하나밖에 없는 아들까지도 아끼지 않은 것을 보니 이제야 네가 하나님을 ★경외하는 줄을 알겠다"라고 말했어요.

★경외 : 공경하고 두려워함

아브라함이 눈을 들어 보니, 아주 좋은 숫양 한 마리가 뿔이 수풀에 걸려 꼼짝 못 하고 있었어요. 하나님이 이삭 대신 제물로 바칠 양을 미리 준비해 두신 거예요. 하나님과 아브라함, 이삭은 아브라함이 하나님을 세상에서 가장 사랑한다는 것을 분명히 알게 되었어요. 하나님은 아브라함에게 "너는 하늘의 별처럼, 바닷가의 모래알처럼 많은 자손을 갖게 될 것이다. 온 세상이 네 자손을 통해 복을 받게 하겠다"라고 말씀하셨어요.

●● 예수님 생각하기

아브라함은 하나님을 믿었어요. 하나님이 아들 이삭을 바치라고 하시자 아브라함은 기꺼이 드리려고 했어요. 이삭은 죽을 필요가 없었어요. 하나님이 이삭을 대신할 숫양을 준비해 두셨기 때문이에요. 하나님은 세상을 죄에서 구원하기 위해 아들 예수님을 기꺼이 버리셨어요. 우리는 우리의 죄 때문에 죽을 필요가 없어요. 예수님이 우리 대신 죽어 주셨기 때문이에요.

가스펠 준비

싱글벙글 — 환영해요

DVD "기뻐하리라"(지도자용 팩)를 배경음악으로 튼다. 아이들을 반갑게 맞이하며 헌금과 기도를 도와준다. 예배 중 헌금 순서가 있다면 아이들이 헌금을 잘 간수하도록 돕는다. 가방과 외투를 정리하도록 안내한다. 새로 온 아이가 있다면 음수대와 화장실의 위치를 알려 주고, 보호자와 만나는 시간과 방법 등을 소개한다. 보호자들을 위한 안내문을 붙여 아이와 만나는 시간, 기다리는 장소, 헌금 방법, 아이에 대한 특별한 주의 사항을 교사에게 미리 알려 주기 등을 공지한다.

너랑 나랑 — 마음 열기

주제와 관련 있는 퍼즐이나 블록 등 아이들이 좋아하는 장난감을 몇 가지 비치해 두고 다양한 활동을 하며 예배를 준비하도록 돕는다. 아이들이 마음을 열고 오늘의 주제에 관심을 갖게 하며 예배에 집중할 수 있도록 도와준다. 교회 형편에 맞게 시간과 활동 방법을 조절한다.

길을 떠나요 *

❶ 아이들에게 함께 길을 떠나자고 말한다.

❷ 아이들을 한 줄로 세우고, 맨 앞에 선 아이에게 안내자의 역할을 맡긴다.

❸ 인도자가 앞에 어떤 장애물이 있다고 외치면 안내자는 장애물을 피하는 척하고, 나머지 아이들은 안내자의 행동을 따라 해야 한다는 게임의 규칙을 설명해 준다.
예) 흙탕물, 바람, 눈, 비, 터널, 강, 키가 큰 풀, 높은 산 등.

❹ 인도자가 "새로운 안내자 나오세요!"라고 외치면 기존의 안내자는 줄의 맨 뒤로 가서 서고, 두 번째로 서 있던 아이가 새 안내자가 된다고 알려 준다. 시간 여유가 있다면 여러 명의 안내자로 바뀔 때까지 게임을 계속한다.

인도자 오늘의 성경 이야기에서 아브라함과 아들 이삭은 사흘 동안 걸어서 어떤 산에 도착했어요. 하나님은 아브라함에게 이 산에서 아주 어려운 일을 시키셨어요. 그 일이 무엇인지 오늘의 성경 이야기를 통해 배워 보기로 해요.

할아버지, 할머니 가면을 만들어요 *

준비물 ▶ 종이 접시, 가위(칼), 솜뭉치, 나무 막대, 풀, 셀로판테이프

❶ 종이 접시의 오목한 부분을 아이들의 얼굴 크기만큼 잘라 낸다.

❷ 아이들에게 종이 접시를 나누어 준 뒤 종이 접시의 볼록한 부분 한쪽에 풀을 이용해 솜뭉치를 붙여 흰 수염이나 흰 머리카락을 만든다.

❸ 종이 접시의 뒷면에 나무 막대를 붙여 손잡이를 만든다. 나무 막대를 솜뭉치 부분에 붙이면 흰 수염을 단 할아버지가 되고, 솜뭉치 반대 부분에 붙이면 흰 머리카락의 할머니가 된다.

❹ 손잡이를 잡고 얼굴에 갖다 대어 할아버지, 할머니가 되어 보는 놀이를 한다. 목소리를 흉내 내 보는 것도 좋다. 완성품은 교사에게 맡겨 두었다가 예배 후에 가져가도록 한다.

인도자 하나님은 아브라함에게 자손을 많이 주겠다고 약속하셨는데, 아브라함에게는 아직 아이가 없었어요. 아브라함은 이제 할아버지가 되었고, 그의 아내 사라도 할머니가 되었지요. 할아버지, 할머니가 아기를 낳을 수 있을까요? 하지만 하나님은 약속을 지키셨고, 그들에게 아들을 선물로 주셨어요. 그런데 이해할 수 없는 일이 벌어졌어요. 하나님이 아브라함에게 이 아들을 데리고 무슨 일을 하라고 명령하셨거든요. 대체 무슨 일이 일어난 것일까요? 한번 들어 보세요.

예배 대형으로 모이기

- 카운트다운 영상, 모이기 노래 등을 활용해 예배 대형으로 바꾸고 마음을 준비하게 한다.
- 공간을 이동해야 한다면 양의 울음 소리를 흉내 내며 가도록 한다.

가스펠 설교

하나 — 들어가기

준비물 ▶ 아기 인형

인도자가 아기 인형을 안고 있다. 아이들에게 혹시 집에 아기가 있는지 물어본다. 아기에 대해 이야기를 나누어 본다.

지난주에 우리는 하나님이 아브라함과 사라에게 아기를 주겠다고 약속하신 이야기를 들었어요. 그리고 하나님이 드디어 두 사람에게 아기를 주셨지요! 아기의 이름은 이삭이었고, 그는 무럭무럭 자랐어요. 그런데 오늘의 성경 이야기를 보면, 하나님이 아브라함에게 아주 이해할 수 없는 일을 시키셨어요. 무슨 일인지 함께 알아보기로 해요.

둘 — 성경 이야기

DVD 창세기 22장을 편다. 설교 영상(지도자용 팩)을 보여 주거나 이야기 성경을 들려준다.

세상에 성경보다 더 중요한 책이 있을까요? 성경은 이 세상을 통틀어서 가장 중요한 책이에요! 성경은 하나님의 말씀이고, 성경에 쓰인 이야기는 다 진짜이기 때문이에요. 오늘의 성경 이야기는 성경 맨 앞에 있는 '창세기'에 나와요.

셋 — 메시지와 정리

하나님이 아들 이삭을 제물로 바치라고 하셨을 때 아브라함은 분명히 너무 슬펐을 거예요. 하지만 **아브라함은 하나님을 믿었어요.** 아브라함은 하나님이 약속을 지키시는 분이라는 것을 알았지요. 그래서 하나님께 순종했어요.

DVD 연대표(지도자용 팩)를 가리키면서 복습 질문을 한다.

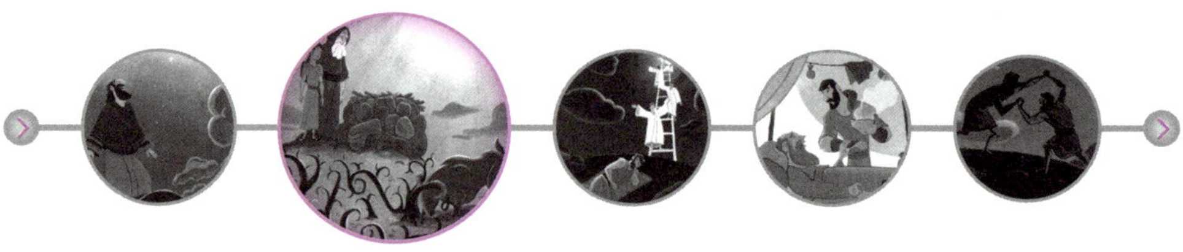

1. 아브라함의 소중한 아들의 이름은 무엇인가요? 이삭
2. 하나님이 왜 이삭을 바치라고 하시는지 아브라함은 알았나요? 몰랐다
3. 아브라함은 하나님이 이삭에 대해 하신 약속을 무슨 일이 있어도 지키실 것이라고 믿었나요? 믿었다
4. 하나님은 이삭을 대신할 제물로 무엇을 준비해 두셨나요? 숫양

넷 — 성경의 초점

이 단원의 '성경의 초점'은 **"하나님은 무엇을 약속하셨나요?"**, **"하나님은 하나님의 백성에게 복을 주겠다고 약속하셨어요"**예요. 아브라함에게 복을 주겠다는 하나님의 약속은 하나님이 모든 백성에게 복을 주겠다는 약속과 같아요. 아브라함은 하나님의 약속을 믿었기 때문에 아들도 기꺼이 바치려고 했어요. 하나님은 세상을 죄에서 구원하기 위해 아들 예수님을 바치셨어요. 우리는 우리의 죄 때문에 죽을 필요가 없어요. 왜냐하면 예수님이 우리 대신 죽으셨기 때문이지요. 얼마나 큰 복인가요!

다섯 — 복음 초청

성경과 111쪽 복음 초청 가이드를 이용해서 아이들에게 그리스도인이 되는 법을 설명해 준다. 따로 상담해 줄 사람을 정해 주고 궁금한 점이 있으면 물어보도록 격려한다.

이 시간 예수님을 마음에 모시고 싶은 친구는 함께 기도해요.

여섯 — 기도

아브라함과 약속하시고 그 약속을 지키신 하나님, 감사해요. 우리도 아브라함처럼 하나님을 믿고 따르게 해 주세요. 또 하나밖에 없는 예수님을 우리에게 보내 주셔서 감사해요. 어떠한 순간에도 하나님을 믿고 예수님께 기도하는 우리가 되게 해 주세요. 예수님의 이름으로 기도합니다. 아멘.

일곱 — 암송송

성경에서 로마서 4장 3절을 펴고 큰 소리로 여러 번 따라 읽게 한다.

하나님은 아브라함과 언약을 맺으시면서 그 언약을 지킬 책임이 아브라함이 아니라 하나님께만 있다는 것을 보여 주셨어요. 하나님은 언제나 약속을 지키시는 분이에요. **아브라함은 하나님을 믿었어요.** 아브라함은 하나님이 하시는 일이 이해되지 않을 때에도 하나님을 믿었답니다.

암송송(159쪽)에 맞추어 손유희를 하며 말씀을 익힌다.

"성경이 무엇을 말하느냐 아브라함이 하나님을 믿으매 그것이 그에게 의로 여겨진바 되었느니라"(롬 4:3).

tip 전체 구절 암송이 어려운 경우에는 표시 부분을 발췌해 외워도 좋다.

알콩달콩 말씀 놀이

이삭 대신 무엇?

준비물 ▶ 유치부 교재 18쪽, 47쪽 '양 그림', 솜, 풀, 사인펜, 두꺼운 도화지, 나무 막대, 셀로판테이프

이야기 나누기

- 하나님은 아브라함을 시험하시기 위해 무엇을 제물로 바치라고 하셨나요?
- 아브라함은 하나님의 계획이 이해되지 않을 때에도 하나님을 믿었어요. 아브라함의 믿음을 보신 하나님의 마음은 어떠셨을까요?

❶ 그림에서 숫양 3마리를 찾아 ○표 해 보게 한다.

❷ 양이 무엇을 하고 있는지 이야기를 나누어 본다.

❸ 유치부 교재 47쪽 '양 그림'을 떼어 솜을 뭉쳐 양의 몸통 부분에 풀로 붙이고 사인펜으로 양의 얼굴을 꾸며 보게 한다.

tip 양 그림 뒷면에 두꺼운 도화지를 같은 모양으로 잘라 붙이고 나무 막대를 붙여서 양을 데리고 놀아 보게 하는 것도 좋다.

인도자 오래전 구약성경 시대에는 하나님께 자신의 사랑을 표현하거나, 어떤 일로 감사를 드리고 싶거나, 또는 "하나님, 잘못했어요. 용서해 주세요"라고 말하고 싶은 사람은 하나님께 특별한 선물을 드렸대요. 이렇게 하나님께 바치는 특별한 선물을 '제물'이라고 해요. 이삭이 아버지에게 "하나님께 제물로 바칠 어린양은 어디 있나요?"라고 물었을 때 아브라함은 아들에게 하나님이 양을 준비하실 것이라고 대답했어요.

아브라함은 하나님을 믿었어요. 그는 하나님이 이삭을 바치라고 하시자 기꺼이 드렸어요. 하지만 이삭은 죽을 필요가 없었어요. 하나님이 이삭을 대신할 양을 준비해 두셨기 때문이에요. 하나님은 세상을 죄에서 구원하기 위해 아들 예수님을 기꺼이 바치셨어요. 우리는 더 이상 우리의 죄 때문에 죽을 필요가 없어요. 예수님이 우리 대신 죽어 주셨기 때문이지요.

별이 빛나는 밤하늘을 꾸며요 *

준비물 ▶ 검정색 도화지, 별 모양 스티커, 밝은 색 크레파스

❶ 아이들에게 검정색 도화지 위에 별 모양 스티커를 붙이거나 밝은 색 크레파스를 이용해 별이 빛나는 밤하늘을 멋지게 꾸며 보게 한다.

❷ 아이들이 꾸민 밤하늘에 "아브라함이 하나님을 믿었어요"라고 쓸 수 있도록 도와준다.

tip 글 쓰기가 어려운 아이는 도와준다.

❸ 완성되면 "아브라함이 하나님을 믿었어요", "나도 하나님을 믿어요"라고 다 함께 외친다.

인도자 하나님은 아브라함에게 하늘의 별들만큼 많은 자손을 주겠다고 약속하셨어요. 하나님이 아브라함에게 이삭을 바치라고 하셨을 때 **아브라함은 하나님을 믿었어요.** 하나님은 이삭을 대신할 양을 미리 준비해 두셨고, 이삭은 죽을 필요가 없었어요. 하나님은 세상을 죄에서 구원하기 위해 아들 예수님을 기꺼이 바치셨어요. 우리는 더 이상 우리의 죄 때문에 죽을 필요가 없어요. 예수님이 우리 대신 죽어 주셨기 때문이지요.

장애물 사이로 지나가요 *

준비물 ▶ 장애물이 될 만한 예배실 내 여러 물건들, 눈가리개

❶ 예배실에 있는 물건들을 이용해 간단하고 안전한 장애물 코스를 만들어 둔다.

❷ 아이들을 둘씩 짝을 지어 팀을 만든다.

❸ 눈가리개를 이용해 한 명의 눈을 가리고, 다른 한 명은 안내자가 되어 장애물 코스를 함께 통과하게 한다.

❹ 도착점에 도착하면 눈을 가리는 아이를 바꾸어 반대로 장애물 코스를 통과해 출발선에 들어오게 한다.

인도자 장애물 사이로 지나갈 때 아무것도 보이지 않았지요? 그래서 친구를 믿고 따라갈 수밖에 없었지요? 아브라함도 하나님이 왜 이삭을 바치라고 하시는지 도무지 이해가 되지 않았어요. 하지만 **아브라함은 하나님을 믿었어요.** 그는 하나님의 말씀에 순종했고, 하나님은 이삭을 대신할 양을 준비해 두셨어요. 먼 훗날 하나님은 이 세상을 죄에서 구하기 위해 아들 예수님을 제물로 바치셨어요.

소곤소곤 꿀~꺽 간식

준비물 ▶ 과자

❶ 카운트다운 영상, 정리하기 노래 등을 활용해 활동이 끝났음을 알린다. 아이들에게 주변을 정리하게 하고, 화장실에 가거나 물티슈 등을 이용해 손을 씻을 시간을 준다.

❷ 감사 기도를 드린다. 간식을 나누어 주기 전에, 인도자가 "오늘은 너희가 나를 위해 간식을 준비해 줄 수 있니?" 라고 말한다. 아이들의 반응을 기다렸다가 아이들이 어리둥절해하거나 여러 가지 방법에 대해 이야기할 때 인도자는 준비한 과자를 간식으로 내어 주며 이야기한다. "조금 놀랐지? 선생님이 너희를 위해 간식을 이미 준비했단다. 너희에게 정말 필요한 간식을 이미 준비해 두었어." 간식을 먹는 동안 하나님이 아브라함을 위해 이삭 대신 바칠 수 있는 양을 준비해 두셨다는 것을 다시 한 번 이야기해 준다.

❸ 간식을 먹은 후 마무리 정리를 잘하도록 지도한다.

오순도순 마무리

준비물 ▶ 유치부 교재 45쪽 메시지 카드, 소그룹 활동지, 파일

❶ 이번 주 메시지 카드로 부모님과 함께 오늘 배운 성경 이야기를 나누어 보라고 한다.

가족과 활동해요

- 가족이 소중하게 생각하는 물건을 이웃에게 선물해 주세요.
- 사랑하는 아들을 하나님께 바치려 했던 아브라함의 마음은 어떠했을지 이야기를 나누어 보세요.

❷ 소그룹 활동지를 떼어 파일에 끼우고 가방에 정리하게 한다.

❸ 아이들을 위해 기도한다.

인도자 하나님, 아브라함처럼 우리도 하나님을 가장 사랑하고 믿게 해 주세요. 혹시 우리가 부족해도 하나님은 여전히 우리를 사랑하시며, 예수님을 보내 우리 대신 죽게 하셨다는 사실을 기억하게 도와주세요. 구원자를 보내 주신 하나님, 감사해요. 예수님의 이름으로 기도합니다. 아멘.

❹ 아이를 데리러 온 부모에게 아이가 특별히 즐거워했거나 잘했던 활동들에 대해 이야기해 주고, 가정에서 성경 읽기와 가족 활동을 진행할 수 있도록 격려한다.

나만의 기록장

양 그리기

9

하나님이 다시 약속하셨어요

(창 25:19~26, 26:1~6, 28:10~22)

주제 하나님이 아브라함의 자손들에게 다시 약속하셨어요.

예수님 생각하기 하나님께는 아브라함과 그의 가족을 위한 아주 좋은 계획이 있었어요. 이 계획은 아브라함의 자녀들과 자녀들의 자녀들을 위한 것이기도 했어요! 오랜 세월이 흐른 뒤 아기 예수님이 아브라함의 자손으로 태어나셨어요. 예수님은 사람들을 죄에서 구원하시고 그들과의 관계를 회복하시려는 하나님의 계획이었어요.

단원 암송 롬 4:3

성경의 초점 하나님은 무엇을 약속하셨나요?
하나님은 하나님의 백성에게 복을 주겠다고 약속하셨어요.

본문 속으로

아브라함과 언약을 맺으시면서, 하나님은 아브라함에게 땅과 자손과 이 세상 모든 나라에 대한 복을 약속하셨습니다(창 28:13~14). 하나님은 아브라함의 아들 이삭과 손자 야곱에게도 같은 약속을 하셨습니다(창 26:3~4, 28:13~14).

하나님은 아브라함과 그의 자손에게 계획을 가지고 계셨습니다. 이삭의 아내 리브가가 쌍둥이를 임신했을 때, 아기들은 리브가의 배 속에서 서로 다투었습니다. 하나님은 리브가에게 그들의 미래에 대해 설명해 주셨습니다. "큰 자(에서)가 작은 자(야곱)를 섬기게 될 것이다. 그들의 자손은 나뉘어 두 개의 큰 나라가 될 것이며, 야곱의 자손이 에서의 자손보다 더 강할 것이다."

이 말씀은 그대로 이루어졌습니다. 에서와 야곱은 사이가 좋지 않았습니다. 야곱은 아버지와 형을 속이고 당연히 장자에게 돌아갈 복을 가로챘습니다. 야곱은 형의 분노를 피해 외삼촌의 집으로 도망갔습니다.

도망가는 여정에서, 하나님은 꿈을 통해 야곱에게 말씀하셨습니다. 야곱은 하늘까지 닿는 사다리를 보았고, 하나님의 음성을 들었습니다. 하나님은 아브라함에게 하신 약속을 야곱에게도 하셨고, 그가 어디를 가든지 함께하겠다는 약속도 하셨습니다.

야곱은 한 나라의 조상이 될 것이었습니다. 그는 아들을 열두 명 낳을 것이고, 그 아들들은 이스라엘 열두 지파의 시조가 될 것이기 때문입니다. 하나님은 이스라엘이라는 이 나라를 통해 아브라함과 이삭, 야곱에게 하신 약속을 지키실 것입니다. 이 나라를 통해 아들 예수님을 온 세상의 구주로 보내실 것입니다.

바벨탑을 짓던 사람들을 떠올려 보십시오. 사람들은 꼭대기가 하늘까지 닿는 높은 탑을 쌓고자 했지만, 실패로 끝나고 말았습니다. 그러나 예수님은 하늘과 땅 사이를 연결하는 다리가 되십니다(요 1:51 참조). 야곱이 꿈에서 본 사다리처럼 말입니다.

● ● 티칭 포인트

아이들에게 약속을 지키시는 하나님을 소개해 주십시오. 하나님의 약속대로 성자 하나님이 이 땅에 아기로 오셨습니다. 그분은 임마누엘, 즉 '우리와 함께하시는 하나님'이십니다. 예수님은 죄인들을 구하시기 위해 세상으로 내려오셨습니다. 죄는 하나님과 사람 사이를 갈라놓았지만, 사람들이 그들의 죄에서 돌이켜 예수님을 믿으면 예수님은 그들을 하나님의 가족이 되게 하십니다.

이야기 성경

하나님이 다시 약속하셨어요

창 25:19~26, 26:1~6, 28:10~22

하나님은 놀라운 계획을 세우셨어요. 아브라함과 그의 자손을 통해 온 세상이 복을 받게 하시려는 계획이었지요. 하나님은 아브라함에게 이 계획을 알려 주셨어요. 아브라함의 자녀들과 자녀들의 자녀들이 아주 많아져 아무도 셀 수 없을 것이라고 하셨지요. 그들은 큰 나라가 될 것이었어요. 큰 나라의 국민에게는 살 땅이 필요하지요. 그래서 하나님은 아브라함이 살고 있던 땅을 그의 자손에게 주겠다는 약속도 하셨어요. 하나님은 세상 모든 사람이 아브라함의 이름을 알게 되고, 그로 인해 복을 받을 것이라고 약속하셨어요.

아브라함은 아마 아들 이삭과 손자 야곱에게 하나님의 약속에 대해 말해 주었을 거예요. 그런데 하나님은 이삭과 야곱을 직접 찾아가 똑같은 약속을 해 주셨지요. 그들은 하나님이 어떤 일을 하실지 짐작할 필요가 없었어요.

하나님이 이삭을 만나셨을 때는 비가 내리지 않아 먹을 것이 없는 힘든 시기였어요. 하나님은 이삭에게 먹을 것을 구하려고 가족들을 데리고 다른 곳으로 가지 말라고 말씀하셨어요. 왜냐하면 그들이 살고 있는 땅이 언젠가 그들 자손의 땅이 될 것이었기 때문이지요. 하나님은 이삭의 아버지 아브라함에게도 같은 약속을 하셨어요. 하나님은 이삭이 하늘의 별처럼 수많은 자손을 갖게 될 것이라고 말씀하셨어요. 세상 모든 사람이 그의 자손을 통해 복을 받을 것이라는 약속도 하셨지요.

하나님은 이삭의 아들 야곱에게도 같은 약속을 하셨어요. 야곱은 집에서 멀리 도망가는 중이었어요. 형 에서를 속인 일로 에서가 몹시 화를 냈기 때문이에요. 밤이 되자 야곱은 들에서 돌을 베개 삼아 잠을 청했어요. 잠을 자던 야곱은 꿈속에서 하늘까지 닿는 사다리를 보았어요. 천사들이 그 사다리 위를 오르락내리락하고 있었지요. 그리고 사다리 위에서 하나님이 야곱에게 말씀하셨어요. 하나님은 아브라함과 이삭에게 하신 것과 똑같은 약속을 야곱에게 하셨어요. “네가 어디를 가든지 내가 항상 너와 함께하며 너를 돌보겠다.”

다음 날 아침, 야곱은 자기가 베고 잤던 돌을 가져다가 세우고 기름을 부었어요. 하나님을 만난 장소를 기억하기 위해서였지요. 야곱은 그곳을 ‘벧엘’이라고 불렀어요. “하나님이 저와 함께하시면서 저를 지켜 주신다면 하나님을 제 하나님으로 섬기겠습니다.”

● ● 예수님 생각하기

하나님은 아브라함과 그의 가족을 위한 아주 좋은 계획을 세우셨어요. 이 계획은 아브라함의 자녀들의 자녀들을 위한 것이기도 했어요! 오랜 세월이 흐른 뒤 예수님이 아브라함의 자손으로 태어나셨어요. 예수님은 사람들을 죄에서 구원하시고 그들과의 관계를 회복하시려는 하나님의 계획이었어요.

가스펠 준비

싱글벙글 — 환영해요

DVD "약속"(지도자용 팩)을 배경음악으로 튼다. 아이들을 반갑게 맞이하며 헌금과 기도를 도와준다. 예배 중 헌금 순서가 있다면 아이들이 헌금을 잘 간수하도록 돕는다. 가방과 외투를 정리하도록 안내한다. 새로 온 아이가 있다면 음수대와 화장실의 위치를 알려 주고, 보호자와 만나는 시간과 방법 등을 소개한다. 보호자들을 위한 안내문을 붙여 아이와 만나는 시간, 기다리는 장소, 헌금 방법, 아이에 대한 특별한 주의 사항을 교사에게 미리 알려 주기 등을 공지한다.

너랑 나랑 — 마음 열기

주제와 관련 있는 퍼즐이나 블록 등 아이들이 좋아하는 장난감을 몇 가지 비치해 두고 다양한 활동을 하며 예배를 준비하도록 돕는다. 아이들이 마음을 열고 오늘의 주제에 관심을 갖게 하며 예배에 집중할 수 있도록 도와준다. 교회 형편에 맞게 시간과 활동 방법을 조절한다.

텐트에서 놀아요 *

준비물 ▶ 텐트(텐트가 없다면 담요와 탁자, 의자 등을 이용해 텐트처럼 꾸민다), 성경(아브라함에 관한 이야기책)

❶ 미리 설치해 둔 텐트 안에 아이들이 볼 수 있도록 성경이나 아브라함 이야기책을 놓아 둔다.

❷ 아이들에게 텐트 안에 누워 지난주에 배운 아브라함 이야기에 대해 대화하거나 성경에서 아브라함 이야기를 찾아 읽거나 아브라함 이야기책을 읽어 보라고 한다.

tip 글을 읽지 못하는 아이가 있는 경우 인도자가 함께 들어간다.

인도자 지난주에 하나님은 아브라함과 약속하셨어요. 그리고 그 약속을 이루셨지요. 어떤 약속이었지요? 아이들의 대답을 기다린다. 맞아요, 하나님은 별과 같이 많은 자손을 주겠다고 말씀하셨어요. 오늘의 성경 이야기에서 우리는 아브라함의 아들과 손자의 이야기를 듣게 될 거예요.

수를 세어 보아요 *

준비물 ▶ 콩(옥수수 알갱이, 단추 등 수 세기 좋은 재료), 접시, 주사위

❶ 접시에 콩을 담아 놓는다.

❷ 아이들에게 차례대로 주사위를 굴린 후 나온 숫자를 세어 보라고 한다.

❸ 나온 주사위 수만큼 콩을 자기 앞에 갖다 놓도록 한다.

❹ 한 아이마다 2~3회씩 주사위를 굴릴 수 있도록 게임을 여러 번 반복한다.

❺ 아이들이 큰 숫자를 셀 수 있다면 모은 콩이 총 몇 개인지 물어본다.

인도자 다들 수를 정말 잘 세는군요! 혹시 하나님이 아브라함에게 얼마나 많은 자손을 주겠다고 약속하셨는지 기억나는 친구가 있나요? 아이들의 대답을 기다린다. 맞아요, 하늘의 별만큼, 바닷가의 모래알만큼 많은 자손을 주겠다고 하셨어요. 그렇게 많은 수를 셀 수 있는 사람이 있을까요? 우리는 오늘의 성경 이야기에서 하나님이 이러한 하나님의 계획을 아브라함의 자손들에게 어떻게 알려 주셨는지를 보게 될 거예요.

어떤 베개가 편할까요? *

준비물 ▶ 납작한 돌, 푹신한 베개(쿠션)

❶ 아이들에게 차례대로 앞으로 나와 각각 납작한 돌베개와 푹신한 베개에 머리를 대고 누워 보라고 한다.

❷ 어떤 베개가 편한지 물어본다.

인도자 돌베개와 푹신한 베개 중 어떤 베개가 편했나요? 오늘의 성경 이야기에 나오는 아브라함의 손자는 잠을 자다가 놀라운 꿈을 꾸었대요. 그런데 그때 그가 베고 있던 베개가 무엇이었는지 알아요? 바로 돌멩이였어요! 돌멩이 베개는 푹신하지도 않고 아늑하지도 않지요! 돌베개를 베고 잔 사람이 누구인지, 어쩌다 돌베개를 베게 되었는지, 과연 얼마나 특별한 꿈을 꾸었는지 우리 함께 알아보기로 해요.

예배 대형으로 모이기

- 카운트다운 영상, 모이기 노래 등을 활용해 예배 대형으로 바꾸고 마음을 준비하게 한다.
- 공간을 이동해야 한다면 아이들이 맞출 수 있는 간단한 리듬을 박수하며 가도록 한다.

가스펠 설교

하나 — 들어가기

여러분은 아빠, 엄마의 성함을 알고 있나요? 여기서 '성함'이란 '이름'의 높임말이랍니다. 그렇다면 할아버지, 할머니의 성함도 알고 있나요? 증조할아버지와 증조할머니의 성함도 알고 있나요? 점점 어려워지지요? 오늘의 성경 이야기에서 우리는 하나님이 아브라함에게 하셨던 약속과 똑같은 약속을 아브라함의 아들인 이삭과 손자 야곱에게도 하시는 것을 보게 될 거예요.

둘 — 성경 이야기

DVD 창세기 25~26, 28장을 편다. 설교 영상(지도자용 팩)을 보여 주거나 이야기 성경을 들려준다.

성경은 이 세상을 통틀어서 가장 중요한 책이에요! 성경은 하나님의 말씀이고, 성경에 쓰인 이야기는 다 진짜이기 때문이에요. 오늘의 성경 이야기는 성경 맨 앞에 있는 '창세기'에 나와요.

셋 — 메시지와 정리

하나님은 아브라함의 자손들에게 다시 약속하셨어요. 하나님이 아브라함과 맺으신 언약은 아브라함의 모든 자손을 위한 것이기도 했어요. 하나님은 이삭과 야곱에게 그들도 하나님의 큰 계획의 일부라는 사실을 알려 주셨어요.

DVD 연대표(지도자용 팩)를 가리키면서 복습 질문을 한다.

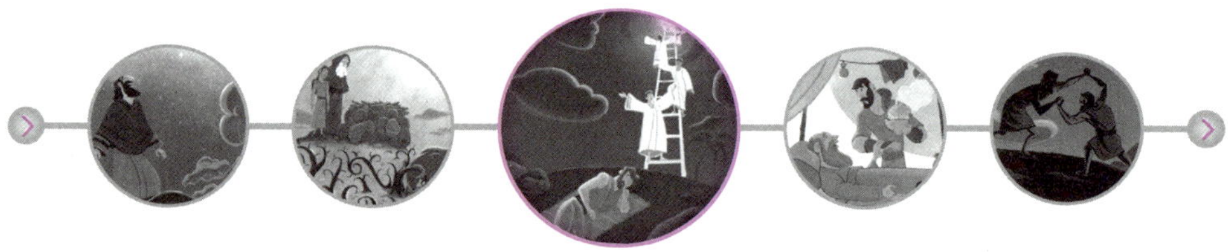

1. 아브라함의 자손이 얼마나 되는지 셀 수 있나요? 너무 많아서 셀 수 없다
2. 하나님은 왜 이삭에게 가족들을 데리고 다른 곳으로 가지 말라고 하셨나요?
   하나님이 지금 살고 있는 땅을 그의 자손에게 주실 것이기 때문이다
3. 야곱은 꿈에서 하늘까지 닿는 무엇을 보았나요? 사다리
4. 야곱은 하나님의 약속을 기억하기 위해 무엇을 세웠나요? 돌

넷 — 성경의 초점

아주 중요한 질문을 하나 더 할게요. 이 단원의 '성경의 초점' 질문이에요. **"하나님은 무엇을 약속하셨나요?"**아이들의 대답을기다린다. **정답은 "하나님은 하나님의 백성에게 복을 주겠다고 약속하셨어요"**예요. 정말 잘했어요. 하나님의 계획은 예수님을 아브라함의 자손으로 보내시는 것이었어요. 예수님은 사람들을 죄에서 구원하시고 그들과의 관계를 회복하시려는 하나님의 계획이었어요. 우리도 예수님을 믿고 의지하면 하나님이 예수님을 통해 주시는 모든 복을 받을 수 있답니다.

다섯 — 복음 초청

성경과 111쪽 복음 초청 가이드를 이용해서 아이들에게 그리스도인이 되는 법을 설명해 준다. 따로 상담해 줄 사람을 정해 주고 궁금한 점이 있으면 물어보도록 격려한다.

이 시간 예수님을 마음에 모시고 싶은 친구는 함께 기도해요.

여섯 — 기도

우리에게 복을 주기로 약속하신 하나님, 감사해요. 아브라함의 자손으로 예수님을 보내신 하나님의 계획에 감사해요. 예수님이 우리를 죄에서 구원하시고 회복시켜 주신다는 사실을 믿어요. 매일 기도하며 하나님의 약속을 신뢰할 수 있도록 도와주세요. 예수님의 이름으로 기도합니다. 아멘.

일곱 — 암송송

성경에서 로마서 4장 3절을 펴고 큰 소리로 여러 번 따라 읽게 한다.

하나님께는 아브라함과 그의 가족을 위한 아주 좋은 계획이 있었어요. 이 계획은 아브라함의 자녀들과 자녀들의 자녀들을 위한 것이기도 했어요! **아브라함은 하나님을 믿었고** 하나님의 계획을 신뢰했어요. 오랜 세월이 흐른 뒤 아기 예수님이 아브라함의 자손으로 태어나셨어요. 아브라함을 통해 모든 사람이 복을 받게 하겠다는 하나님의 약속이 이루어진 거예요.

암송송(159쪽)에 맞추어 손유희를 하며 말씀을 익힌다.

"성경이 무엇을 말하느냐 아브라함이 하나님을 믿으매 그것이 그에게 의로 여겨진바 되었느니라"(롬 4:3).

tip 전체 구절 암송이 어려운 경우에는 표시 부분을 발췌해 외워도 좋다.

알콩달콩 **말씀 놀이**

약속, 약속, 또 약속

준비물 ▶ 유치부 교재 20쪽, 33쪽 '하나님의 약속 기차', 풀, 색연필

이야기 나누기

- 하나님은 아브라함, 이삭, 야곱에게 어떤 약속을 하셨나요?
- 반드시 약속을 지키시는 신실하신 하나님을 함께 찬양해요!

❶ '하나님의 약속 기차'를 떼어 선을 따라 접는다.

❷ 기차에 타고 있는 사람들을 살펴보게 하고 하나님의 약속이 아브라함, 이삭, 야곱에게 이어졌듯 우리에게도 이어진다는 것을 설명하고 뒷면 빈 창에 자신과 친구 또는 가족을 그리게 한다.

❸ '풀칠' 표시에 풀을 칠해 앞과 뒤를 붙여 가차를 완성한다.

❹ 기차를 움직이며 하나님의 약속이 아브라함의 자손들에게로 이어진 이야기를 떠올려 보게 한다.

인도자 **하나님은 아브라함의 자손들에게 다시 약속하셨어요.** 많은 가족을 주겠다고 하셨어요. 그 가족들이 행복하게 살 것이라고 말씀하셨어요. 오랜 세월 후, 아기 예수님이 아브라함의 자손으로 태어나셨어요. 예수님은 사람들을 죄에서 구원하고 그들과의 관계를 다시 회복하시려는 하나님의 계획이었어요.

누구의 이름인가요? *

준비물 ▶ 색인 카드, 사인펜

❶ 아이들을 둥글게 앉힌 뒤 한 명씩 이름을 물어보고 색인 카드에 각각 적는다.

❷ 카드를 섞은 뒤 그중 하나를 뽑아 아이들에게 보여 준다. 자기 이름인 아이는 자리에서 일어나라고 한다.

❸ 큰 소리로 이름을 읽은 뒤 아이에게 카드를 준다. 모든 이름을 다 부를 때까지 계속한다.

인도자 하나님은 세상 모든 사람이 아브라함의 이름을 알게 되고, 그로 인해 복을 받을 것이라고 말씀하셨어요. **하나님은 아브라함의 자손들에게 다시 약속하셨어요.** 하나님의 계획은 아브라함의 모든 자손을 위한 것이기도 했어요. 하나님의 아들 예수님은 아브라함의 자손으로 태어나셨어요. 예수님은 사람들을 죄에서 구원하시고 그들과의 관계를 회복하시려는 하나님의 계획이었어요.

메시지를 전해요 *

❶ 아이들을 둥글게 앉힌 뒤 인도자가 옆에 앉은 아이에게 귓속말로 짧은 메시지를 전한다.

❷ 메시지를 들은 아이가 옆 친구에게 전달하는 방식으로, 마지막 아이에게까지 메시지가 전달되게 한다.

예) • 하나님이 아브라함의 자손들에게 다시 약속하셨어요.
• 하나님은 하나님의 백성에게 복을 주겠다고 약속하셨어요.

❸ 마지막에 메시지를 전해 들은 아이에게 일어서서 메시지를 큰 소리로 외치게 한다. 이때 메시지를 맞혔을 경우 모두 박수하며 환호하고, 틀렸을 경우 같은 메시지로 게임을 반복한다. 이때는 시작하는 아이를 바꾸어서 진행한다.

인도자 아브라함은 아들 이삭과 손자 야곱에게 하나님의 약속을 들려주었을 거예요. 그런데 **하나님은 아브라함의 자손들에게 다시 약속하셨어요.** 하나님은 직접 이삭과 야곱을 찾아와 그들에게도 똑같은 약속을 해 주셨지요. 그들은 하나님이 어떤 일을 하실지 짐작할 필요가 없었어요. 우리는 가끔 메시지를 잘못 전하지만 하나님은 결코 그런 실수를 하지 않으세요.

전도 식탁 매트를 만들어요 *

준비물 ▶ 8절 색도화지, 사인펜(크레파스), 투명 시트지, 스티커

❶ 아이들에게 사인펜과 스티커를 이용해 색도화지를 꾸미도록 한다.

❷ 색도화지에 "예수님은 하나님의 계획이에요!"라고 쓰라고 한다.

tip 글씨 쓰기를 어려워하는 아이가 있다면 도와주거나 그림을 그리게 해도 좋다.

❸ 장식을 마친 종이의 양면에 투명 시트지를 붙여 식탁 매트를 만든다. 시트지를 붙이는 작업은 어렵기 때문에 인도자가 주도적으로 하고 아이들에게 도와 달라고 한다.

❹ 아이들이 활동하는 동안 가족의 저녁 식사에 초대하고 싶은 사람이 있다면 누구인지 물어본다.

인도자 **하나님은 아브라함의 자손들에게 다시 약속하셨어요.** 하나님은 이삭과 야곱에게 하나님의 계획을 알려 주셨어요. 하나님은 이제 사람들에게 하나님의 계획을 알리는 일을 우리에게 맡기셨어요. 예수님은 사람들을 죄에서 구원하시고 그들과의 관계를 회복하시려는 하나님의 계획이에요.
집에 가서 부모님께 친구나 이웃을 저녁 식사에 초대해도 되는지 물어보세요. 여러분의 특별한 손님이 식사 시간에 이 식탁 매트를 사용하게 된다면 예수님이 하나님의 계획이라는 사실을 알게 될 거예요!

소곤소곤 꿀~꺽 간식

준비물 ▶ 프레첼 과자와 길쭉한 모양의 마시멜로, 접시

❶ 카운트다운 영상, 정리하기 노래 등을 활용해 활동이 끝났음을 알린다. 아이들에게 주변을 정리하게 하고, 화장실에 가거나 물티슈 등을 이용해 손을 씻을 시간을 준다.

❷ 감사 기도를 드리고 프레첼 과자와 마시멜로를 간식으로 나누어 준다. 길쭉한 모양의 마시멜로에 프레첼을 끼워 사다리를 만들어 보게 한다. 야곱은 하늘까지 닿는 사다리 위에서 하나님이 말씀하시는 꿈을 꾸었고, 하나님은 아브라함과 이삭에게 하셨던 약속과 똑같은 약속을 야곱에게도 하셨다고 아이들에게 말해 준다. 하나님이 아브라함의 자손들에게 다시 약속하셨다는 사실을 떠올려 준다.

❸ 간식을 먹은 후 마무리 정리를 잘하도록 지도한다.

오순도순 마무리

준비물 ▶ 유치부 교재 45쪽 메시지 카드, 소그룹 활동지, 파일

❶ 이번 주 메시지 카드로 부모님과 함께 오늘 배운 성경 이야기를 나누어 보라고 한다.

가족과 활동해요

• 가족의 가계도를 함께 그려 보세요. 우리 가족과 아브라함, 이삭, 야곱의 가족을 비교해 보세요.

❷ 소그룹 활동지를 떼어 파일에 끼우고 가방에 정리하게 한다.

❸ 아이들을 위해 기도한다.

인도자 하나님, 하나님이 약속을 지키시는 좋은 하나님이셔서 참 감사해요. 예수님을 아브라함의 자손으로 보내 주셔서 감사해요. 우리가 예수님을 믿고 의지하도록 도와주세요. 예수님의 이름으로 기도합니다. 아멘.

❹ 아이를 데리러 온 부모에게 아이가 특별히 즐거워했거나 잘했던 활동들에 대해 이야기해 주고, 가정에서 성경 읽기와 가족 활동을 진행할 수 있도록 격려한다.

나만의 기록장

아브라함과 이삭, 야곱 그리기

나를 위한 하나님의 멋진 계획

'복음'이라는 말을 들어 본 적 있니? 복음이란 '좋은 소식'이라는 뜻이야. 우리에게 보내신 하나님의 좋은 소식이 무엇일까?

하나님은 세상을 만드셨단다

하나님이 세상을 만드시고, 사람을 만드셨어. 그리고 사랑하셨지.
(창 1:1; 골 1:16~17; 계 4:11)

사람들은 죄를 짓고 하나님을 떠났어

그런데 사람들이 죄를 지어서 하나님과 함께 살 수 없게 되었어.
결국 죽을 수밖에 없게 되었지.
(롬 3:23, 6:23)

하나님은 구원 계획을 갖고 계신단다

하나님은 우리를 사랑하셔서 하나님과 함께 살기 원하셨어.
그래서 우리(너)를 위한 놀라운 계획을 세우셨단다.
(요 3:16; 엡 2:8~9)

예수님이 우리에게 생명을 주셨어

하나님은 아들 예수님을 보내셨고, 예수님은 우리 죄를 대신해 십자가에서 죽으시고, 3일 만에 다시 살아나셨어. 우리에게 영원한 생명을 주시고 하나님과 함께 살 수 있는 길을 열어 주신 거야.
(롬 5:8; 고후 5:21; 벧전 3:18)

예수님! 우리의 마음에 오세요!

예수님을 믿고 마음에 받아들이면 하나님의 자녀가 된단다.
이것이 가장 좋은 소식, 복된 소식, 복음이란다.
(요 1:12~13; 롬 10:9~10, 13)

예수님을 영접하기 원하는 어린이가 있다면 개인적으로 상담하고 영접 기도를 할 수 있도록 도와주세요.

예수님이 ○○를 사랑하시는 것을 믿겠니?
예수님이 ○○의 죄를 씻어 주신 것을 믿겠니?
예수님을 ○○의 마음에 받아들이겠니?

믿음을 고백하고 예수님을 영접하기 원하는 어린이를 위해 간절히 기도해 주세요.

이제 ○○는 하나님의 자녀(아들, 딸)가 되었어!
이것이 예수님을 통해 ○○에게 이루어 주신 하나님의 계획이야!
○○야, 하나님의 자녀(아들, 딸) 된 것을 축하해!

3 단원 언약을 지키시는 하나님

하나님은 아브라함과 맺으신 언약을 신실하게 지키셨습니다. 야곱의 죄에도 불구하고 하나님은 야곱과도 다시 언약을 맺어 주셨습니다. 하나님은 요셉을 사용하셔서 이스라엘 백성을 살리시고 이집트로 데려오셨습니다. 이것 역시 훗날 하나님의 구원의 능력을 영광스럽게 드러내기 위한 준비 과정이었습니다.

야곱이
복을
가로챘어요

하나님이
야곱에게
새 이름을
주셨어요

요셉의
꿈이
이루어졌어요

요셉이
이집트로
팔려 갔어요

카운트다운

운동 경기

DVD 카운트다운 영상(지도자용 팩)은 예배 대형으로 모이거나 대형을 바꾸며 준비할 시간을 알리는 데 활용한다. 익숙해질 때까지 중간에 남은 시간을 알리는 것도 좋다.

예) "1분 전입니다", "30초 전입니다. 마음을 가다듬고 기도하며 하나님께 나아갑시다" 등.

단원 암송

그 밤에 여호와께서 그에게 나타나 이르시되 나는 네 아버지 아브라함의 하나님이니 두려워하지 말라 내 종 아브라함을 위하여 내가 너와 함께 있어 네게 복을 주어 네 자손이 번성하게 하리라 하신지라(창 26:24).

창세기 26:24

편곡 : **김효정**

원곡 : **나의 사랑하는 책**

10 야곱이 복을 가로챘어요

[창 25:27~34, 27:1~45]

주제	야곱이 에서의 복을 가로챘어요.
예수님 생각하기	예수님은 자신의 복을 우리와 나누세요. 우리는 복을 받기 위해 거짓말하거나 하나님 아버지를 속일 필요가 없어요. 예수님은 우리의 죗값을 대신 지불하고 우리에게 영원한 생명을 주려고 십자가에서 죽으셨어요.
단원 암송	창 26:24
성경의 초점	무엇이 하나님의 계획을 막을 수 있나요? 아무것도 하나님의 계획을 막을 수 없어요.

본문 속으로

이삭은 약속의 아들이자, 아브라함과 사라가 늦은 나이에 얻은 선물이었습니다. 하나님이 아브라함과 맺으신 언약에 따르면, 이삭은 아브라함과 사라에게 별과 같이 많은 자손을 안겨 줄 소망이기도 했습니다. 이삭은 어른이 되어 리브가와 결혼했습니다. 그 후 이삭은 자녀를 달라고 기도했습니다. 리브가는 한 명이 아니라 두 명의 아이를 임신하게 되었습니다.

쌍둥이 아들들은 어머니 배 속에서 서로 다투었고, 리브가는 하나님께 여쭈었습니다. "이런 일이 왜 제게 일어나는 것입니까?" 하나님은 쌍둥이를 향한 하나님의 계획을 설명하셨습니다. "아이들의 자손은 각자 두 개의 나라를(에서의 자손은 에돔을, 야곱의 자손은 이스라엘을) 이룰 것이고, 한 나라가 다른 나라보다 강할 것이다. 그리고 큰아들이 작은아들을 섬기게 될 것이다. 어머니의 태에서 나온 뒤에도 그들의 갈등은 계속될 것이다."

하나님의 말씀은 그대로 이루어졌습니다. 아이들이 자란 후 에서는 자신의 장자권을 동생 야곱에게 팔아 버렸습니다. 장자권은 가부장 문화에서 매우 중요한 부분입니다. 전통적으로 아버지가 죽으면 큰아들이 동생에 비해 두 배의 땅과 재산을 상속받게 되어 있었는데, 에서는 그 권리를 한 끼의 따뜻한 식사와 바꾸어 버린 것입니다.

나중에 야곱은 아버지를 속이고 형이 받을 복을 가로챘습니다. 그 복은 큰아들에게 주어지는 또 하나의 특권이었습니다. 이삭은 자기의 한 아들이 다른 아들의 주인이 되도록 축복했습니다. 하나님이 말씀하신 대로 큰 자가 작은 자를 섬기게 된 것입니다.

●● 티칭 포인트

아무것도 하나님의 완벽한 계획을 막을 수 없다는 것에 대해 아이들과 이야기하십시오. 하나님은 야곱의 자손에게 복을 주기로 계획하셨습니다. 하나님은 아브라함, 이삭, 야곱에게 별과 같이 많은 자손을 주겠다고 하신 약속을 지키셨습니다. 하나님이 약속하신 그분, 바로 하나님의 아들이신 예수님이 그들의 자손으로 오실 것입니다.

예수님은 모든 피조물보다 먼저 나셨으며(골 1:15), 큰아들의 모든 특권을 누릴 자격이 있으십니다. 그러나 십자가에 매달리셨을 때, 예수님은 우리를 위해 모든 복을 포기하셨습니다. 자신이 받을 복을 하나님이 우리에게 주실 수 있도록, 예수님이 우리가 받을 벌을 대신 받으신 것입니다.

이야기 성경

야곱이 복을 가로챘어요

창 25:27~34, 27:1~45

야곱과 에서는 형제였어요. 하지만 둘은 아주 달랐지요. 에서는 훌륭한 사냥꾼이었어요. 아버지 이삭은 에서가 사냥해 온 고기로 만든 음식을 좋아했어요. 야곱은 집에 있으면서 집안일을 하는 것을 좋아했어요. 그래서 어머니 리브가에게 사랑받았으며, 요리하는 법도 배웠지요.

에서는 형이었기 때문에 장자권이 있었어요. 장자권이란 아버지가 돌아가신 후에 동생보다 더 많은 재산과 땅을 가질 수 있는 권리를 말해요. 아버지의 뒤를 이어 가족의 지도자가 되는 것이지요. 에서는 장자권을 별로 소중하게 생각하지 않았지만 야곱은 달랐어요. 야곱은 형이 아닌데도 장자권을 갖고 싶어 했지요.

어느 날 야곱이 팥죽을 끓이고 있었어요. 냄새가 아주 좋았지요! 사냥을 나갔던 에서가 집으로 돌아왔어요. 그는 너무 배가 고파서 야곱에게 팥죽을 좀 달라고 했어요. 하지만 야곱은 이렇게 대답했지요. "먼저 형의 장자권을 나한테 팔아!" 에서는 "배가 고파서 죽을 것 같은데 그까짓 장자권이 무슨 소용이야?"라고 말하면서 팥죽 한 그릇과 장자권을 바꿔 버리고 말았어요.

아버지 이삭은 이제 나이가 들어 앞이 잘 보이지 않았어요. 이삭은 에서를 불러 사냥을 한 뒤 그 고기로 맛있는 음식을 만들어 오라고 했어요. 그러면 복을 빌어 주겠다고 했지요. 그런데 이 이야기를 리브가가 들었어요. 리브가는 야곱이 그 복을 받기 원했어요. 그래서 이삭을 속여서 야곱이 복을 받게 할 꾀를 냈어요.

리브가는 이삭이 가장 좋아하는 음식을 만들고, 야곱에게 에서의 옷을 입혔어요. 야곱의 손과 목에는 염소 털을 둘러서 털이 많은 에서처럼 생각하게 만들었지요. 리브가는 야곱에게 에서인 척하라고 말했어요. 리브가와 야곱은 지금 나쁜 행동을 하고 있는 거예요.

야곱이 이삭에게 음식을 가져갔어요. 앞이 잘 보이지 않는 이삭은 누구인지 알아보지 못했어요. 하지만 에서가 사냥에서 이렇게 빨리 돌아온 것을 이상하게 생각했지요. 이삭은 방 안에 있는 사람이 진짜 에서인지 확신할 수가 없었어요. 왜냐하면 목소리가 야곱 같았거든요. 이삭은 "네가 누구냐?"라고 물었어요. 야곱이 대답했어요. "에서입니다." 물론 그것은 거짓말이었어요. 하지만 야곱의 옷에서는 에서의 냄새가 났고, 야곱의 손과 목에는 털도 많았어요. 그래서 이삭은 야곱이 에서인 줄 알고 부와 성공, 가족의 지도자가 되는 복까지 모든 놀라운 복을 다 빌어 주었어요.

집에 돌아와 야곱이 한 행동을 알게 된 에서는 머리끝까지 화가 났어요. 자기에게도 복을 빌어 달라고 아버지께 울며 매달렸지요. 하지만 이삭에게는 에서에게 빌어 줄 복이 남아 있지 않았어요. 이삭은 에서가 앞으로 힘든 삶을 살게 될 것이며, 싸움을 많이 하고, 동생 야곱을 섬기게 될 것이라고 말했어요. 에서는 너무 화가 나 야곱을 해치려고 했어요. 그래서 리브가는 에서의 화가 가라앉을 때까지 야곱을 안전한 곳으로 보냈어요.

●● 예수님 생각하기

야곱의 이야기를 보면, 우리에게 왜 구원자가 필요한지 알게 되어요. 야곱은 자기 것이 아닌 복을 가로채기 위해 거짓말하고 아버지를 속였어요. 예수님은 자신의 복을 우리와 나누세요. 우리는 복을 받기 위해 거짓말하거나 하나님 아버지를 속일 필요가 없어요. 예수님은 우리의 죗값을 대신 지불하고 우리에게 영원한 생명을 주려고 십자가에서 죽으셨어요.

가스펠 준비

싱글벙글 — 환영해요

DVD "약속"(지도자용 팩)을 배경음악으로 튼다. 아이들을 반갑게 맞이하며 헌금과 기도를 도와준다. 예배 중 헌금 순서가 있다면 아이들이 헌금을 잘 간수하도록 돕는다. 가방과 외투를 정리하도록 안내한다. 새로 온 아이가 있다면 음수대와 화장실의 위치를 알려 주고, 보호자와 만나는 시간과 방법 등을 소개한다. 보호자들을 위한 안내문을 붙여 아이와 만나는 시간, 기다리는 장소, 헌금 방법, 아이에 대한 특별한 주의 사항을 교사에게 미리 알려 주기 등을 공지한다.

너랑 나랑 — 마음 열기

주제와 관련 있는 퍼즐이나 블록 등 아이들이 좋아하는 장난감을 몇 가지 비치해 두고 다양한 활동을 하며 예배를 준비하도록 돕는다. 아이들이 마음을 열고 오늘의 주제에 관심을 갖게 하며 예배에 집중할 수 있도록 도와준다. 교회 형편에 맞게 시간과 활동 방법을 조절한다.

소꿉놀이를 해요 *

준비물 ▶ 소꿉놀이 세트, 모형 음식 세트

❶ 아이들에게 음식을 만들어 서로에게 대접하는 흉내를 내 보라고 한다.

❷ 창의성을 발휘해 다양한 음식을 만들어 보도록 권한다.

인도자 어떤 젊은 사람이 할아버지에게 음식을 대접했어요. 젊은 사람은 야곱이고, 할아버지는 그의 아버지 이삭이에요. 야곱은 좋은 일을 하고 있는 것처럼 보이지만, 사실은 나쁜 일을 하고 있었지요. 무슨 뜻인지 아직은 잘 모르겠지요? 이제 함께 알아보기로 해요.

신발 주인을 찾아요 *

준비물 ▶ 신발

tip 실외 활동으로 활용하면 좋다.

❶ 예배실(운동장) 바닥에 원을 그린 후 신발을 섞어서 쌓아 놓는다.

❷ 한 아이를 뽑아 눈을 감고 발로 신발 더미에서 신발 한 짝을 골라 신으라고 한 다음 눈을 뜨고 신발의 주인을 맞혀 보게 한다.

❸ 신발의 주인을 맞히면 나머지 짝을 찾아 주인에게 돌려주게 한다. 만약 자기의 신발을 골랐다면 자기가 신고 자리로 돌아가면 된다고 말해 준다.

❹ 신발 주인이 다음 신발의 주인을 찾는 술래가 된다.

인도자 오늘의 성경 이야기는 형제에 관한 거예요. 동생이 형의 옷을 입었대요. 우리가 좀 전에 남의 신발을 신는 게임을 한 것처럼 동생도 게임을 한 것이었을까요? 아니에요. 누구를 속이려는 것이었지요. 도대체 동생이 어떤 일을 꾸민 것일까요? 함께 알아보기로 해요.

촉각 놀이를 해요 *

준비물 ▶ 여러 가지 질감의 물건 한 쌍씩(삼베, 솜뭉치, 화장 솜, 골판지, 인조 털, 깃털, 사포, 스펀지, 벨벳 등), 상자

❶ 한 쌍의 물건 중 하나는 아이들이 볼 수 없게 상자에 넣고, 나머지는 잘 보이게 늘어놓는다.

❷ 아이들을 한 명씩 차례대로 앞으로 나오게 해 상자에 손을 넣어 물건의 질감을 만져 본 후 느낌을 표현해 보게 한다.

❸ 늘어놓은 물건들 중에 짝을 맞혀 보라고 한다.

인도자 손으로 느껴지는 물건의 특징을 기억하면서 무엇인지 알아맞힐 수 있었지요? 눈이 잘 보이지 않을 때에는 손으로 느껴지는 촉각으로 어떤 물건인지 확인을 하는 경우가 있어요. 오늘은 나이가 많아 눈이 잘 보이지 않았던 한 아버지의 이야기를 만나게 될 거예요.

예배 대형으로 모이기

- 카운트다운 영상, 모이기 노래 등을 활용해 예배 대형으로 바꾸고 마음을 준비하게 한다.
- 공간을 이동해야 한다면 인도자가 말하는 놀이를 좋아하는 사람부터 가도록 한다. 예를 들어 "그네 타기를 좋아하는 친구들은 성경 공부 하러 오세요", "인형놀이를 좋아하는 친구들은 성경 공부 하러 오세요" 등이다.

가스펠 설교

하나 — 들어가기

형제가 있는 친구들은 손을 들어 보라고 한다. 형제에 대해 여러 가지 질문을 한다. 예를 들어, 나이가 더 많은지 적은지, 또는 무엇을 좋아하는지 등이다.

오늘의 성경 이야기는 형제에 관한 거예요. 형제는 서로 무척 달랐고, 좋아하는 것도 달랐대요. 둘에게 아주 슬픈 일이 일어났어요. 무슨 일이 일어났는지 함께 알아보기로 해요.

둘 — 성경 이야기

DVD 창세기 25, 27장을 편다. 설교 영상(지도자용 팩)을 보여 주거나 이야기 성경을 들려준다.

성경은 이 세상을 통틀어서 가장 중요한 책이에요! 성경은 하나님의 말씀이고, 성경에 쓰인 이야기는 다 진짜이기 때문이에요. 오늘의 성경 이야기는 성경 맨 앞에 있는 '창세기'에 나와요.

셋 — 메시지와 정리

야곱은 형의 것을 가로챘어요. 야곱은 거짓말을 했고, 아버지 이삭을 속여 형 에서의 복을 빼앗았어요.

DVD 연대표(지도자용 팩)를 가리키면서 복습 질문을 한다.

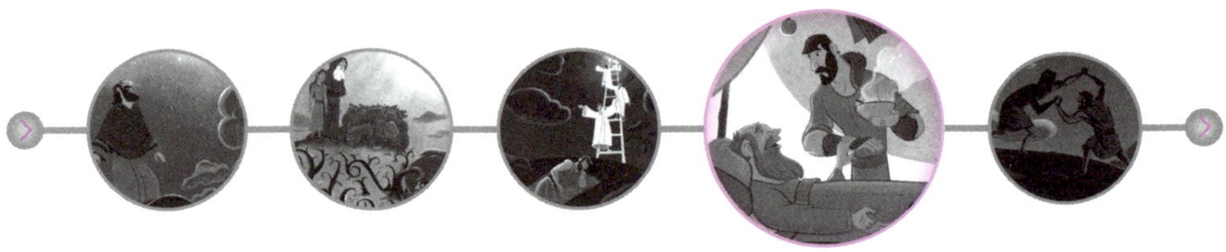

1. 에서와 야곱 중 누가 형인가요? 에서
2. 요리를 좋아한 사람은 누구인가요? 야곱
3. 에서는 무엇을 얻으려고 장자권을 팔았나요? 팥죽 한 그릇
4. 야곱은 에서의 복을 가로채기 위해 어떤 속임수를 썼나요? 에서인 척했다

넷 — 성경의 초점

아주 중요한 질문을 하나 더 할게요. 이 질문은 이 단원의 '성경의 초점' 질문이에요. **"무엇이 하나님의 계획을 막을 수 있나요?"** 이 질문의 답은 **"아무것도 하나님의 계획을 막을 수 없어요"**예요. 야곱이 한 행동은 잘못이었어요. **야곱은 에서의 복을 가로챘지요.** 거짓말도 했고, 아버지를 속이기도 했어요. 하지만 야곱의 죄가 하나님의 계획을 막지는 못했답니다.

다섯 — 복음 초청

성경과 111쪽 복음 초청 가이드를 이용해서 아이들에게 그리스도인이 되는 법을 설명해 준다. 따로 상담해 줄 사람을 정해 주고 궁금한 점이 있으면 물어보도록 격려한다.

이 시간 예수님을 마음에 모시고 싶은 친구는 함께 기도해요.

여섯 — 기도

하나님, 우리의 죄로 인해 십자가에서 죽기까지 하신 예수님을 보내 주셔서 감사해요. 우리에게 복 주기를 원하시는 하나님, 감사해요. 구원받은 자녀답게 야곱처럼 거짓말을 하지 않고 정직한 아이가 되게 해 주시고, 하나님이 주시는 복을 누리는 우리가 되게 해 주세요. 예수님의 이름으로 기도합니다. 아멘.

일곱 — 암송송

암송송(160쪽)에 맞추어 손유희를 하며 말씀을 익힌다.

"그 밤에 여호와께서 그에게 나타나 이르시되 나는 네 아버지 아브라함의 하나님이니 두려워하지 말라 내 종 아브라함을 위하여 내가 너와 함께 있어 네게 복을 주어 네 자손이 번성하게 하리라 하신지라"(창 26:24).

tip 전체 구절 암송이 어려운 경우에는 표시 부분을 발췌해 외워도 좋다.

알콩달콩 말씀 놀이

야곱, 거짓말쟁이!

준비물 ▶ 유치부 교재 22쪽, 색연필

이야기 나누기

- 야곱은 왜 아버지 이삭을 찾아갔나요?
- 만약 야곱이 거짓말로 복을 가로채지 않았다면 하나님께 복을 받지 못했을까요?
- 야곱에게 복을 빼앗긴 에서의 마음을 상상해 보고 이야기를 나누어 보세요.

❶ 그림 속의 주인공이 누구일까에 대해 이야기를 나누어 본다.

❷ 두 그림을 비교해 보고 5가지 다른 부분을 찾아 오른쪽 그림에 ○표 하도록 한다.

인도자 그림을 보면 야곱이 아버지 이삭에게 음식을 대접하고 있어요. 그림만 보면 야곱이 좋은 일을 하고 있는 것처럼 보이지만, 사실 그는 나쁜 일을 했어요. 두 그림이 비슷해 보이지만 다른 점이 있었지요? 야곱과 에서도 달랐어요. 그런데 **야곱은** 에서인 척하고 **에서의 복을 가로챘어요.**

예수님을 믿는 우리는 복을 받기 위해 거짓말하거나 하나님 아버지를 속일 필요가 없어요. 예수님은 우리의 죗값을 대신 지불하고 우리에게 영원한 생명을 주려고 십자가에서 죽으셨기 때문이에요.

팥죽 접시를 만들어요 *

준비물 ▶ 종이 접시, 팥, 풀, 빨간색 크레파스(색연필), 네임펜

❶ 종이 접시의 가운데 부분을 빨간색으로 칠하게 한다.

❷ 빨간색으로 색칠한 부분에 풀을 이용해 팥 알갱이를 붙여 팥죽처럼 표현한다.

❸ 빈 자리에 10과의 주제나 3단원 암송 구절을 쓰게 한다.

tip 10과의 주제나 3단원 암송 구절을 라벨지에 미리 프린트해 두었다가 종이 접시에 붙여 주어도 좋다.

tip 찰흙을 이용해 접시를 만들어 보아도 좋다.

인도자 에서는 장자권을 야곱의 팥죽과 바꾸었어요. 나중에 **야곱은** 아버지를 속이고 **에서의 복을 가로챘어요.** 야곱의 이야기를 들으면 우리에게 왜 구원자가 필요한지 알게 되어요. 우리는 늘 잘못을 저지르고 그릇된 선택을 해요. 하지만 하나님은 여전히 우리를 사랑하시지요. 하나님은 예수님을 보내셔서 십자가 위에서 우리의 죗값을 대신 치르게 하셨어요.

"누가 복을 훔쳤지?" 랩을 하며 놀아요 *

❶ 아이들을 2팀으로 나눈다

❷ 랩을 만들어 주고받게 한다.

예
- A팀 : 누가 형의 복을 훔쳤지? (모르겠다는 듯이 손을 내민다)
- B팀 : 야곱이 형의 복을 훔쳤지.
- A팀 : 야곱이? 야곱이! (고개를 끄덕인다)
- B팀 : 그건 죄야! (손가락을 좌우로 까딱인다)
- A팀과 B팀 : 맞아, 맞아! (팔짱을 끼고 고개를 끄덕인다)
- A팀 : 누가 죄인들과 복을 나누지? (모르겠다는 듯이 손을 내민다)
- B팀 : 예수님이 죄인들과 복을 나누시지. (손가락으로 하늘을 가리킨다)
- A팀 : 나에게도? (자신을 가리킨다)
- B팀 : 너에게도! (다른 아이들을 가리킨다)
- A팀과 B팀 : 만세! 신 난다! (손을 들고 환호성을 지른다)

인도자 **야곱이 에서의 복을 가로챘어요.** 야곱은 자기 것이 아닌 형의 복을 가로채기 위해 거짓말을 했고, 아버지를 속였어요. 비록 야곱은 죄를 지었지만 하나님은 여전히 그를 사랑하셨어요. 우리도 마찬가지랍니다. 하나님은 예수님을 보내셔서 십자가 위에서 우리의 죗값을 대신 치르게 하셨어요.

소곤소곤 꿀~꺽 간식

준비물 ▶ 죽

❶ 카운트다운 영상, 정리하기 노래 등을 활용해 활동이 끝났음을 알린다. 아이들에게 주변을 정리하게 하고, 화장실에 가거나 물티슈 등을 이용해 손을 씻을 시간을 준다.

❷ 감사 기도를 드리고 죽을 간식으로 준다. 이때 죽이 너무 뜨겁지 않도록 주의한다. 간식을 먹으며 아이들에게 에서가 죽 한 그릇 때문에 장자권을 팔아 버린 이야기를 다시 해 준다.

인도자 야곱은 형의 배고픔을 이용해서 형이 받을 복을 빼앗았어요. 하지만 우리는 예수님이 영생이라는 복을 우리에게 값없이 주시기 때문에 이 복을 얻기 위해 하나님을 속일 필요가 없어요!

❸ 간식을 먹은 후 마무리 정리를 잘하도록 지도한다.

오순도순 마무리

준비물 ▶ 유치부 교재 45쪽 메시지 카드, 소그룹 활동지, 파일

❶ 이번 주 메시지 카드로 부모님과 함께 오늘 배운 성경 이야기를 나누어 보라고 한다.

가족과 활동해요

- 우리 가족의 소원 목록을 만들어 보세요.
- 우리 가족이 하나님을 믿고 의지하며, 하나님이 주시는 것들로 만족할 수 있게 해 달라고 기도하세요.

❷ 소그룹 활동지를 떼어 파일에 끼우고 가방에 정리하게 한다.

❸ 아이들을 위해 기도한다.

인도자 하나님, 하나님의 복을 받기 위해 거짓말을 하거나 속이지 않아도 되게 해 주셔서 감사해요. 하나님은 하나님의 아들 예수님을 보내심으로 세상에서 가장 큰 선물을 이미 우리에게 주셨어요. 그리고 우리가 잘못된 선택을 할 때조차 우리를 사랑하시지요. 언제나 하나님의 놀라운 계획을 이루어 가시는 하나님, 진심으로 감사해요. 예수님의 이름으로 기도합니다. 아멘.

❹ 아이를 데리러 온 부모에게 아이가 특별히 즐거워했거나 잘했던 활동들에 대해 이야기해 주고, 가정에서 성경 읽기와 가족 활동을 진행할 수 있도록 격려한다.

나만의 기록장

십자가 그리기

11
하나님이 야곱에게 새 이름을 주셨어요

(창 32~33장)

주제 하나님이 야곱의 이름을 이스라엘로 바꾸어 주셨어요.

예수님 생각하기 예수님의 죽음과 부활은 죄인들에게 하나님의 가족이 될 수 있는 길을 열어 주었어요. 우리가 하나님의 가족이 되면 우리도 '하나님의 자녀'라는 새 이름을 갖게 된답니다.

단원 암송 창 26:24

성경의 초점 무엇이 하나님의 계획을 막을 수 있나요? 아무것도 하나님의 계획을 막을 수 없어요.

본문 속으로

형 에서의 복을 가로챈 후 야곱은 에서의 분노를 피해 고향에서 도망을 쳤습니다. 그는 외삼촌 라반의 집에서 살면서 결혼도 하고 자녀도 많이 낳았습니다. 야곱의 삶은 전반적으로 성공적이었지만, 외삼촌 라반과 함께 지낸 시간의 끝은 좋지 않았습니다. 라반의 아들들이 야곱이 라반의 재산을 훔쳤다고 모함했기 때문입니다.

하나님은 야곱에게 떠나라고 말씀하셨고, 야곱은 주저하지 않았습니다. 그는 자신의 가족과 재산을 모두 모아 고향 가나안으로 향했습니다. 그러나 뒤에서 라반이 그를 추격해 왔습니다. 고향 땅에 간다고 해도 불안하기는 마찬가지였습니다. 에서가 그곳에 있었기 때문입니다. 야곱이 에서를 마지막으로 보았던 그때 에서는 야곱을 죽이려고 하지 않았습니까?

하나님은 야곱에게 아브라함과 이삭에게 하셨던 약속을 다시 한 번 확인시켜 주시면서, 야곱과 함께하겠다고 약속하셨습니다. 그러나 뒤에는 라반이, 앞에는 에서가 있는 상황에서 야곱은 어떻게 살아남을 수 있을까요? 야곱은 에서와의 만남을 위해 만반의 준비를 했습니다. 그는 전략적으로 자신의 가족을 두 무리로 나누었습니다. 에서의 환심을 사기 위해 선물도 미리 보냈습니다.

그날 밤, 야곱은 초조한 마음으로 에서에게서 전갈이 오기를 기다렸습니다. 그런데 바로 그 밤, 하나님이 야곱을 찾아오셨습니다. 야곱은 하나님과 밤새도록 씨름을 했습니다. 야곱이 씨름에서 이겼을까요? 그가 하나님보다 힘이 셌을까요? 야곱의 승리는 아이러니한 것이었습니다. 힘으로는 야곱이 이기지 못했습니다(하나님이 살짝만 건드리셨으나 야곱이 다리를 절게 된 것을 보면 알 수 있습니다). 오히려 하나님의 축복에 기대어 살 수밖에 없음을 고백함으로써 이긴 것입니다. 야곱은 의지할 곳이 전혀 없었습니다. 자신의 힘만으로는 성공할 수가 없었습니다. 그래서 야곱은 하나님께 매달려 절대 놓지 않았습니다.

●● 티칭 포인트

하나님과의 만남은 자신이 누구인지, 삶의 목적이 무엇인지를 깨닫게 하고 근본적 변화로 이어진다는 것을 아이들에게 알려 주십시오. 하나님은 야곱에게 은혜와 복을 주시고, 이스라엘이라는 새 이름도 주셨습니다. 하나님은 야곱에게서, 즉 이스라엘 자손 중에서 예수님을 태어나게 하실 것이었습니다. 예수님의 죽음과 부활은 죄인들에게 하나님의 가족이 되는 길을 열어 주었습니다. 하나님의 가족이 되면, 우리도 새로운 이름을 얻게 됩니다. 그것은 바로 '하나님의 자녀'입니다(요 1:12).

이야기 성경 하나님이 야곱에게 새 이름을 주셨어요

창 32~33장

하나님은 아브라함과 언약을 맺으셨어요. 아브라함의 아들 이삭에게도 같은 약속을 하셨지요. 이제 하나님은 이삭의 아들 야곱을 위한 특별한 계획을 세우고 계셨어요. 하나님은 야곱에게도 같은 약속으로 복을 주기 원하셨지요.

야곱에게는 에서라는 형이 있었어요. 에서는 자기가 아니라 동생 야곱이 복을 받게 된 일 때문에 무척 화가 났어요. 그래서 야곱은 에서를 피해 멀리 외삼촌 댁으로 도망쳐서 오랫동안 집에 돌아가지 않았어요. 그러던 어느 날 하나님이 야곱에게 말씀하셨어요. "이제 집에 돌아갈 때가 되었다." 야곱은 고향을 향해 길을 떠났어요. 자신의 가족을 다 데리고, 재산을 모두 모아서 말이에요.

야곱은 형 에서를 만나기가 몹시 두려웠어요. 형이 아직 화가 나 있으면 어쩌지요? 그래서 야곱은 에서에게 심부름꾼을 보내 자기가 가고 있다는 사실을 미리 알렸어요. 그러자 심부름꾼이 돌아와 이렇게 말했어요. "형 에서가 주인님을 만나러 오고 있습니다. 엄청나게 많은 사람을 데리고요!" 큰일 났어요! 야곱은 너무 무서웠어요! 에서는 야곱을 해치려는 것일까요? 많은 사람을 데려와서는 야곱의 가족을 공격하려는 것일까요?

야곱은 살아남을 궁리를 했어요. 그는 가족을 두 무리로 나누어 한 무리는 이쪽으로, 다른 무리는 저쪽으로 가라고 말했어요. 만약 에서가 한 무리를 공격하면 나머지 가족이라도 도망칠 수 있게 하려는 생각이었지요. 그런 다음 야곱은 기도했어요. 야곱은 하나님께 약속을 지켜 달라고 말씀드렸어요. "제발 저를 제 형에게서 구해 주세요."

그 후 야곱은 에서에게 선물을 보냈어요. 많은 수의 염소, 양, 낙타, 소, 나귀 같은 동물들이었지요. 야곱은 형 에서가 선물을 받고 기분이 좋아져서 자기를 용서해 주기를 바랐어요.

그날 밤 한 사람이 야곱에게 나타났어요. 사실 그 사람은 하나님이셨어요! 그는 밤새도록 야곱과 씨름을 했어요. 야곱이 끝까지 포기하지 않자 그는 야곱의 엉덩이뼈를 쳤어요. 그는 "나를 보내 다오. 날이 새려고 하는구나"라고 말했어요. 하지만 야곱은 놓아 주지 않았어요. 오히려 이렇게 말했지요. "제게 복을 주시지 않으면 보내 드릴 수 없습니다."

마침내 그 사람은 야곱에게 복을 주었어요. "네 이름은 더 이상 야곱이 아니라 이스라엘이다. 네가 하나님과 씨름하고 사람들과도 씨름해서 이겼기 때문이다."

해가 떠올랐어요. 야곱은 엉덩이뼈를 다쳐 다리를 절뚝거렸어요. 야곱이 보니 에서가 엄청나게 많은 사람과 함께 자기를 향해 오고 있었어요. 야곱은 가서 에서를 만났어요. 그는 형에게 존경을 표하기 위해 엎드려 절을 했어요. 그러자 에서가 달려와 야곱을 끌어안았어요. 에서는 더 이상 화를 내지 않았어요!

에서가 집으로 돌아간 뒤 야곱은 조금 더 길을 갔어요. 야곱은 그곳에서 자기 가족이 살 땅을 샀어요. 마침내 야곱은 하나님이 약속하신 땅으로 돌아온 거예요.

●● 예수님 생각하기

하나님은 야곱의 인생을 바꾸시고 '이스라엘'이라는 새 이름도 주셨어요. 예수님의 죽음과 부활은 죄인들에게 하나님의 가족이 될 수 있는 길을 열어 주었어요. 우리가 하나님의 가족이 되면 우리도 '하나님의 자녀'라는 새 이름을 갖게 된답니다(요 1:12).

가스펠 준비

싱글벙글 환영해요

DVD "기뻐하리라"(지도자용 팩)를 배경음악으로 튼다. 아이들을 반갑게 맞이하며 헌금과 기도를 도와준다. 예배 중 헌금 순서가 있다면 아이들이 헌금을 잘 간수하도록 돕는다. 가방과 외투를 정리하도록 안내한다. 새로 온 아이가 있다면 음수대와 화장실의 위치를 알려 주고, 보호자와 만나는 시간과 방법 등을 소개한다. 보호자들을 위한 안내문을 붙여 아이와 만나는 시간, 기다리는 장소, 헌금 방법, 아이에 대한 특별한 주의 사항을 교사에게 미리 알려 주기 등을 공지한다.

너랑 나랑 마음 열기

주제와 관련 있는 퍼즐이나 블록 등 아이들이 좋아하는 장난감을 몇 가지 비치해 두고 다양한 활동을 하며 예배를 준비하도록 돕는다. 아이들이 마음을 열고 오늘의 주제에 관심을 갖게 하며 예배에 집중할 수 있도록 도와준다. 교회 형편에 맞게 시간과 활동 방법을 조절한다.

자석 글자로 이름을 만들어요 *

준비물 ▶ 한글 자모음 자석, 자석 판

❶ 자모음을 자석 판에 붙이며 자기 이름 및 아는 단어들을 만들어 보게 한다.
❷ 갖고 싶은 새 이름을 지어서 붙여도 된다고 말해 준다.

인도자 혹시 자신의 이름이 마음에 들지 않는 친구가 있나요? 성경에는 하나님이 이름을 바꾸어 주신 사람이 있대요. 하나님의 자녀가 되면 새롭게 되는 거예요.

"머리, 어깨, 무릎, 발, 무릎, 발" 노래를 불러요 *

❶ "머리, 어깨, 무릎, 발, 무릎, 발" 노래를 다 함께 불러 본다.

❷ 인도자가 노래를 부르다 마지막 가사인 "귀, 코, 입!" 중에서 '입' 부분에 다른 신체의 명칭을 넣어 말하면 아이들에게 그 신체 부위를 가리키라고 말한다.

예) 눈썹, 이, 등, 배꼽 등.

❸ 마지막으로 노래를 부를 때 인도자가 "귀, 코, 엉덩이뼈!"라고 외쳐 아이들에게 엉덩이뼈의 위치를 알려 주며 자연스럽게 성경 이야기로 넘어간다.

tip 엉덩이뼈(환도뼈)는 엉덩이에서 무릎 사이에 있는 뼈를 말한다.

인도자 오늘의 성경 이야기에서는 어느 날 밤 한 사람이 야곱에게 나타났어요. 그는 밤새도록 야곱과 씨름을 했어요. 야곱이 끝까지 포기하지 않자 그는 야곱의 엉덩이뼈를 쳤어요. 사실 그는 보통 사람이 아니었어요! 그의 정체가 무엇인지 함께 알아보기로 해요.

"야곱, 야곱, 이스라엘" 놀이 *

tip 얼음 땡 놀이를 변형한 활동이다.

❶ 술래 한 명을 뽑는다. 아이들에게 자유롭게 돌아다니다가 술래가 잡으려고 하면 "야곱!" 하고 외치며 멈춰 서면 된다고 말해 준다. '야곱' 상태에서는 술래가 잡을 수 없다.

❷ 술래가 다른 곳으로 가면 친구들이 '야곱' 상태인 아이를 살짝 치며 "이스라엘!"이라고 외쳐 주어야 한다고 일러 준다. 그러면 멈춰 있던 친구가 다시 자유롭게 움직일 수 있다. 술래에게 잡힌 아이에게 다음 술래를 맡겨 게임을 여러 번 반복한다.

인도자 '이스라엘'이라는 이름을 외치면 자유롭게 움직일 수 있었지요? 오늘 우리는 '이스라엘'이라는 이름이 갖는 의미를 새롭게 배울 거예요.

예배 대형으로 모이기

- 카운트다운 영상, 모이기 노래 등을 활용해 예배 대형으로 바꾸고 마음을 준비하게 한다.
- 공간을 이동해야 한다면 불을 끄거나 아이들이 따라 할 수 있는 간단한 리듬에 맞춰 손뼉 치기 등을 하며 가도록 한다.

가스펠 설교

하나 — 들어가기

혹시 누군가에게 잘못해서 그를 몹시 화나게 한 적이 있었나요? 다른 사람을 화나게 하면 그를 만나기가 좀 두렵지요? 오늘의 성경 이야기에서 야곱도 형 에서를 만나기가 무서웠대요. 자기가 복을 가로챈 일 때문에 형 에서가 아직도 화가 나 있을까 봐 걱정이 되었기 때문이에요.

둘 — 성경 이야기

DVD 창세기 32~33장을 편다. 설교 영상(지도자용 팩)을 보여 주거나 이야기 성경을 들려준다.

이 세상에 성경보다 더 중요한 책이 있을까요? 성경은 이 세상을 통틀어서 가장 중요한 책이에요! 성경은 하나님의 말씀이고, 성경에 쓰인 이야기는 다 진짜이기 때문이에요. 오늘의 성경 이야기는 성경 맨 앞에 있는 '창세기'에 나와요.

셋 — 메시지와 정리

야곱은 형 에서를 만나기 전에 하나님과 씨름을 했어요. **하나님은 야곱의 이름을 이스라엘로 바꾸어 주셨어요.**

DVD 연대표(지도자용 팩)를 가리키면서 복습 질문을 한다.

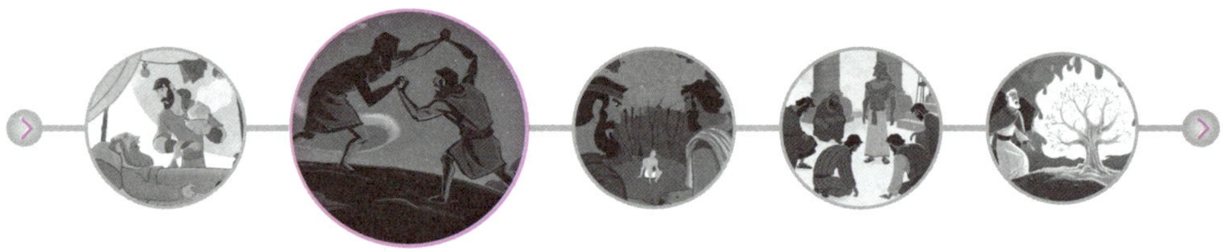

1. 야곱은 왜 고향으로 돌아가기를 두려워했나요? 형 에서가 아직 화가 나 있을지도 모르기 때문이다
2. 야곱이 밤새도록 함께 씨름한 상대는 누구였나요? 하나님
3. 야곱과 씨름하시던 하나님은 야곱의 신체 부위 중에 어떤 부분을 치셨나요? 엉덩이뼈
4. 하나님이 야곱에게 주신 새 이름은 무엇인가요? 이스라엘
5. 에서는 계속 야곱에게 화가 나 있었나요? 아니다

넷 — 성경의 초점

아주 중요한 질문을 하나 더 할게요. **"무엇이 하나님의 계획을 막을 수 있나요?"** 아이들의 대답을 기다린다. 맞아요! **"아무것도 하나님의 계획을 막을 수 없어요."** 이 단원의 '성경의 초점'을 잘 기억하고 있네요! 정말 잘했어요. 야곱은 에서가 무서웠지만, 하나님은 야곱과 함께하셨어요. **하나님은 야곱의 이름을 '이스라엘'로 바꾸어 주셨어요.** 하나님은 우리에게도 새 이름을 주세요. 예수님은 자신의 죽음과 부활로 우리가 하나님의 가족이 될 수 있는 길을 열어 주셨어요. 예수님을 믿고 의지할 때 하나님은 우리를 하나님의 아들, 딸이라고 불러 주신답니다.

다섯 — 복음 초청

성경과 111쪽 복음 초청 가이드를 이용해서 아이들에게 그리스도인이 되는 법을 설명해 준다. 따로 상담해 줄 사람을 정해 주고 궁금한 점이 있으면 물어보도록 격려한다.

이 시간 예수님을 마음에 모시고 싶은 친구는 함께 기도해요.

여섯 — 기도

야곱의 인생을 바꾸시고 이스라엘이라는 새 이름을 주신 주님! 우리에게도 하나님의 자녀라는 새 이름을 주시니 감사해요. 새 이름을 받은 자답게 하나님 안에서 행복하게 살게요. 예수님의 이름으로 기도합니다. 아멘.

일곱 — 암송송

암송송(160쪽)에 맞추어 손유희를 하며 말씀을 익힌다.

"그 밤에 여호와께서 그에게 나타나 이르시되 나는 네 아버지 아브라함의 하나님이니 두려워하지 말라 내 종 아브라함을 위하여 내가 너와 함께 있어 네게 복을 주어 네 자손이 번성하게 하리라 하신지라"(창 26:24).

tip 전체 구절 암송이 어려운 경우에는 표시 부분을 발췌해 외워도 좋다.

알콩달콩 말씀 놀이

야곱이 변했어요

준비물 ▶ 유치부 교재 24쪽, 35쪽 '동물 카드', 색연필

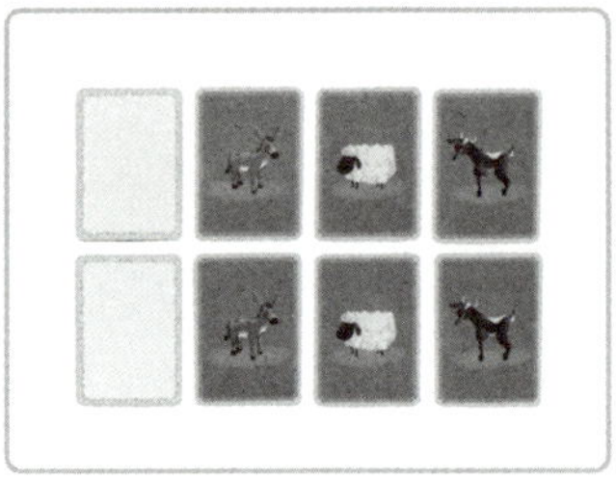

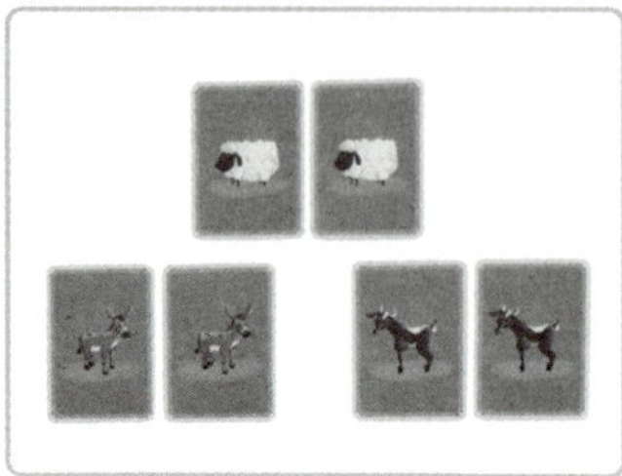

❶ 유치부 교재 35쪽 '동물 카드'를 떼어 같은 동물이 그려져 있는 카드끼리 모아 보라고한다.

❷ 카드의 뒷면에 쓰인 글을 읽고 설명해 준다.

tip 읽기를 어려워하는 아이는 도와준다.

이야기 나누기
- 야곱은 왜 에서에게 사과했나요?
- 누군가에게 사과해 본 적이 있나요? 그때 마음이 어떠했나요?

❸ 사과하고 싶은 가족이나 친구가 있는지 생각해 보고, 카드에 적어 화해를 청할 수 있도록 지도한다.

❹ 앞면이 빈 카드에는 아이가 스스로 이름을 적고, 뒷면에 "나 ○○○는(은) 하나님의 사랑이에요!"라고 인도자를 따라 말해 보게 한다.

인도자 야곱은 카드에 그려진 동물들을 형 에서에게 선물로 보냈대요. 자기가 오래 전에 **에서의 복을 가로챈 일** 때문에 에서를 만나기가 두려웠기 때문이지요. 주변 사람에게 잘못을 저지른 적이 있나요? 그에게 사과의 마음의 전해 보세요.

'하나님의 자녀' 게임을 해요 *

준비물 ▶ 뿅망치, 호루라기, 컬러 박스 테이프

tip 인간 두더지 게임을 변형한 활동이다.

❶ 컬러 박스 테이프를 이용해 예배실 바닥에 원을 표시한 뒤 아이들에게 그 안에 들어가 쭈그리고 앉게 한다.

❷ 인도자가 호루라기를 불면 자유롭게 "하나님의 자녀!"라고 외치며 일어났다 앉았다 하라고 한다.

❸ 아이들이 일어나는 순간 인도자는 뿅망치로 아이들의 어깨를 칠 텐데 맞지 않도록 빠른 시간에 일어났다 앉아야 한다고 말해 준다.

❹ 뿅망치에 맞은 아이는 자리에서 다시 일어날 수 없다고 말해 준다. 마지막까지 남은 아이가 최종 승자가 된다.

인도자 하나님은 야곱의 이름만 바꾸신 것이 아니라 그의 인생도 바꾸셨어요. 하나님은 우리의 인생도 바꾸실 수 있어요. 게임에서처럼 우리가 하나님의 자녀가 되지 못하게

가로막는 것들이 있어요. 하지만 하나님은 우리가 죄를 버리고 하나님을 따르도록 도와주실 수 있어요. 예수님은 자신의 죽음과 부활로 우리가 하나님의 가족이 될 수 있는 길을 열어 주셨어요. 하나님의 가족이 되면 우리에게도 새 이름이 생겨요. 그것은 바로 '하나님의 아들, 딸'이랍니다.

"누구일까요?" 맞혀 보아요 *

❶ 아이들과 둥글게 앉는다.

❷ 인도자가 앉아 있는 아이들 중 한 명에 대해 묘사하면 나머지 아이들이 누구인지 맞혀야 한다고 말한다.

❸ 누구인지 아는 아이는 자리에서 일어나 인도자가 지목할 때까지 기다리라고 한다. 인도자가 기회를 주면 답을 말할 수 있고, 틀렸을 경우 정답을 말하는 아이가 나올 때까지 계속 지목할 수 있다.

❹ 가장 먼저 정답을 맞힌 아이에게 다음에 묘사할 친구의 이름을 귓속말로 알려 달라고 한다. 대신 인도자가 묘사할 때 친구들이 절대 눈치채지 못하도록 주의해야 한다고 일러 준다.

인도자 이름은 중요해요. '사기꾼'이라는 이름 뜻처럼 야곱은 실제로도 교활한 사람이었어요! 하지만 **하나님은 야곱의 이름을 이스라엘로 바꾸어 주셨어요.** 하나님이 야곱의 인생을 바꾸시고 새 이름을 주신 거예요. 우리도 죄에서 돌아서서 예수님을 믿고 의지하면 새 이름을 얻게 되어요. '하나님의 아들, 딸'이라는 이름이지요.

엄지손가락으로 겨루어요 *

❶ 인도자가 모든 아이와 차례대로 엄지손가락 겨루기를 한다.

❷ 서로 마주 보고 서서 각자의 오른손 엄지손가락을 공중에 내민다.

❸ 나머지 네 손가락들은 서로 끝을 건다.

❹ 엄지손가락으로 서로에게 인사하고, 상대방의 엄지손가락을 잡기 위해 겨루기를 시작한다.

tip 인도자가 일부러 져 주도록 한다.

인도자 야곱은 하나님과 씨름을 했어요. 야곱은 하나님이 자기에게 복을 주실 때까지 하나님을 놓지 않았어요. 그러자 **하나님이 야곱의 이름을 이스라엘로 바꾸어 주셨어요.** 하나님은 야곱의 인생도 바꾸셨어요. 야곱은 더 이상 에서를 두려워하지 않았어요! 예수님은 자신의 죽음과 부활로 우리가 하나님의 가족이 될 수 있는 길을 열어 주셨어요. 우리가 하나님의 가족이 되면 하나님은 우리를 자녀로 삼고 보살펴 주세요.

소곤소곤 꿀~꺽 간식

준비물 ▶ 초코펜, 동그란 뻥튀기

❶ 카운트다운 영상, 정리하기 노래 등을 활용해 활동이 끝났음을 알린다. 아이들에게 주변을 정리하게 하고, 화장실에 가거나 물티슈 등을 이용해 손을 씻을 시간을 준다.

❷ 감사 기도를 드리고 동그란 뻥튀기에 초코펜으로 '야곱'이라고 써서 간식으로 준다. 야곱이 밤새도록 하나님과 씨름했고, 하나님이 야곱의 이름을 이스라엘로 바꾸어 주셨다는 사실을 떠올려 준다.

❸ 간식을 먹은 후 마무리 정리를 잘하도록 지도한다.

오순도순 마무리

준비물 ▶ 유치부 교재 45쪽 메시지 카드, 소그룹 활동지, 파일

❶ 이번 주 메시지 카드로 부모님과 함께 오늘 배운 성경 이야기를 나누어 보라고 한다.

가족과 활동해요

- '간지럼 태우기 대회'나 '엄지손가락 씨름 대회'를 열어 보세요. 야곱이 하나님이 복을 주시기 전에는 보내 드리지 않겠다고 했던 일을 떠올려 보세요.
- 우리 가족들의 이름에는 어떤 뜻이 있나요? 각자에게 어울리는 이름인지 서로 이야기해 보세요.

❷ 소그룹 활동지를 떼어 파일에 끼우고 가방에 정리하게 한다.

❸ 아이들을 위해 기도한다.

인도자 하나님, 우리를 바꿔 주시고 우리에게 새 이름을 주셔서 감사해요. 우리가 하나님의 자녀가 되게 하시려고 예수님을 보내 우리 죄 때문에 죽으시고 다시 살아나게 하신 것을 감사해요. 예수님의 이름으로 기도합니다. 아멘.

❹ 아이를 데리러 온 부모에게 아이가 특별히 즐거워했거나 잘했던 활동들에 대해 이야기해 주고, 가정에서 성경 읽기와 가족 활동을 진행할 수 있도록 격려한다.

나만의 기록장

자기의 모습 그리기, 자기의 이름 쓰기

12

요셉이 이집트로 팔려 갔어요

[창 37:1~36, 39:1~41:57]

주제 하나님이 요셉을 이집트로 보내셨어요.

예수님 생각하기 하나님이 요셉을 이집트로 보내셔서 요셉을 통해 많은 사람을 도우셨어요. 하나님은 그 후에 예수님을 이 땅에 보내 예수님을 통해 많은 사람이 구원을 얻을 수 있도록 해 주셨어요.

단원 암송 창 26:24

성경의 초점 무엇이 하나님의 계획을 막을 수 있나요?
아무것도 하나님의 계획을 막을 수 없어요.

본문 속으로

아버지 이삭을 속이고 에서의 복을 가로챈 야곱은 에서의 분노를 피하기 위해 가족과 헤어져 여러 해를 지내야 했습니다. 하나님은 야곱의 꿈에 나타나셔서 아브라함과 이삭에게 하셨던 약속을 다시 확인해 주셨습니다. 마침내 하나님은 야곱을 고향 땅 가나안으로 부르셨습니다. 하나님은 야곱을 축복하시고 이름을 이스라엘로 바꾸셨습니다.

야곱에게는 열두 아들이 있었습니다. 이들은 자라서 이스라엘 열두 지파의 시조가 되었습니다. 야곱이 가장 사랑하는 아들 요셉은 야곱이 가장 사랑하는 아내인 라헬의 아들이었습니다. 야곱은 자신의 편애를 숨기지 않았고, 요셉에게만 채색옷을 선물해 주었습니다.

당연히 요셉은 형들에게 사랑받지 못했습니다. 하나님이 꿈을 통해 자신에게 말씀하셨다고 요셉이 말했을 때, 형들의 미움은 극에 달했습니다. 그 꿈들은 언젠가 요셉의 가족이 요셉에게 절을 하게 될 것이라는 내용이었기 때문입니다. 형들은 요셉을 해칠 계획을 세웠고, 결국 요셉은 구덩이에 빠지고 말았습니다. 이후 요셉은 이집트로 팔려 갔고, 누명을 쓰고 옥에 갇혔습니다.

어쩌면 요셉은 구덩이에서, 또 감옥에서 혼자라고 느꼈을지도 모릅니다. 하지만 하나님은 요셉을 잊지 않으셨습니다. 하나님은 요셉과 함께하셨으며, 그를 이집트의 총리로 세우셨습니다. 요셉을 통해 심판을 견디고 살아남은 소수의 하나님의 백성을 세우셨습니다. 오랜 세월이 흐른 후, 하나님은 하나님의 아들이신 예수님을 바로 요셉이 구해 낸 이스라엘 자손으로 세상에 태어나게 하셨습니다.

예수님은 진정한 외로움과 궁극적인 고통을 경험하셨습니다. 하나님은 예수님을 죽은 자들 가운데서 살리셨습니다. 우리가 예수님을 믿을 때, 하나님은 우리의 죄를 용서하십니다. 예수님이 항상 우리와 함께하겠다고 약속하셨기 때문에 우리는 진정한 외로움을 경험하지 않게 될 것입니다(마 28:20). 그리고 믿는 자들을 기다리는 영광의 무게에 비하면 이 땅에서 우리가 겪는 고난은 잠시 받는 가벼운 환난에 불과합니다(고후 4:17).

●● 티칭 포인트

전능하신 하나님이 모든 것을 다스리신다는 것을 아이들에게 알려 주십시오. 하나님은 우리의 삶을 주관하시며, 우리 안에서 또 우리를 통해서 하나님의 계획을 이루기 위해 고난과 불의도 사용하십니다. 어떤 상황에서도 하나님의 뜻은 이루어집니다. 하나님의 영광을 위해서, 그리고 우리의 선을 위해서 말입니다.

이야기 성경

요셉이 이집트로 팔려 갔어요

창 37:1~36, 39:1~41:57

야곱은 아들이 열두 명 있었는데, 그중에서도 요셉을 가장 사랑했어요. 그래서 요셉에게 채색옷(화려하고 아름다운 옷)을 선물로 주었지요. 형들은 요셉이 미웠어요. 요셉은 두 가지 꿈을 꾸었어요. 하나님의 메시지가 담겨 있는 특별한 꿈이었지요. 두 꿈 모두 요셉의 가족들이 요셉에게 절을 하게 된다는 내용이었어요. 요셉의 형들은 요셉의 꿈 이야기를 무척 싫어했어요.

어느 날 요셉의 형들이 양 떼를 먹이기 위해 멀리 떠났어요. 아버지 야곱은 형들이 어떻게 지내는지 알아보라고 요셉을 보냈어요. 멀리서 요셉이 오는 것을 본 형들은 이렇게 말했어요. "저 녀석을 죽게 해 구덩이에 던져 넣고는 아버지께는 들짐승에게 잡아먹혔다고 말하자!" 하지만 가장 큰형인 르우벤이 말렸어요. "그래도 동생인데 죽이지는 말고 구덩이에 던져 넣기만 하자." 르우벤은 나중에 형제들 몰래 와서 요셉을 구해 줄 계획이었어요.

형들은 요셉의 채색옷을 벗긴 다음 깊은 구덩이에 던져 넣었어요. 그때 이집트로 가는 상인들이 지나갔어요. 형들은 요셉을 그들에게 노예로 팔았지요. 그리고 아버지에게는 요셉이 들짐승에게 잡아먹혔다고 거짓말을 했어요. 야곱은 너무 슬펐어요.

이집트에 도착한 상인들은 요셉을 보디발이라는 아주 높은 지위에 있는 사람에게 팔았어요. 하나님이 늘 요셉과 함께하셨기 때문에 요셉이 하는 일은 다 잘되었어요. 그래서 보디발은 자기가 가진 모든 것을 요셉에게 맡겼어요. 하지만 보디발의 아내가 요셉에 대해 나쁜 거짓말을 했어요. 요셉은 억울하게 감옥에 가야 했지요.

감옥에서도 하나님은 요셉과 함께하셨어요. 그래서 감옥을 관리하는 간수장이 요셉에게 다른 죄수들을 돌보는 일을 맡겼어요. 감옥에는 파라오의 신하였던 두 사람이 갇혀 있었어요. 두 사람 모두 꿈을 꾸었는데, 아무도 그 뜻을 알 수가 없었어요. 요셉이 말했어요. "하나님이 꿈의 의미를 알려 주실 것입니다. 어떤 꿈을 꾸셨습니까?" 두 사람이 자기 꿈을 들려주자 요셉은 그 뜻을 풀어 주었어요. 요셉은 그중 한 사람에게 자기는 감옥에 갇힐 만한 잘못을 저지르지 않았다는 것을 파라오에게 말해 달라고 부탁했어요. 요셉의 말대로 그 사람은 감옥에서 나가 다시 파라오의 신하가 되었어요. 하지만 요셉의 부탁을 잊어버리고 말았지요.

2년 뒤, 파라오가 두 가지 꿈을 꾸었어요. 하지만 아무도 그 뜻을 몰랐지요. 그제야 파라오의 신하가 요셉을 기억했어요. 요셉은 파라오 앞에 불려갔어요. 요셉은 "왕의 꿈이 무슨 뜻인지 저는 모릅니다. 하지만 하나님은 아십니다. 무슨 꿈을 꾸셨습니까?"라고 말했어요.

파라오가 꾼 첫 번째 꿈은 살찐 소 일곱 마리가 나일 강가에서 풀을 뜯고 있다가 바짝 마른 소 일곱 마리에게 잡아먹히는 내용이었어요. 두 번째 꿈에서는 토실토실한 일곱 이삭이 바짝 마른 일곱 이삭에게 잡아먹혔지요. 요셉은 이렇게 말했어요. "이 꿈들은 같은 내용입니다. 하나님이 왕께 하나님의 계획을 알려 주신 것입니다. 앞으로 7년 동안 곡식이 아주 풍성하게 잘 자랄 것입니다. 하지만 다음 7년 동안에는 곡식이 자라지 않아 사람들이 굶주릴 것입니다."

그런 다음 요셉은 파라오가 어떻게 해야 할지를 알려 주었어요. "한 사람을 뽑아 곡식이 풍성할 때 일부를 거두어들여 도시마다 쌓아 두게 하십시오. 그러면 흉년이 찾아와도 사람들의 먹을 것이 충분할 것입니다. 이집트의 백성은 살아남을 것입니다." 그러자 파라오가 말했어요. "하나님이 너와 함께하시는구나. 곡식을 거두어 쌓아 두는 일은 네가 맡는 것이 좋겠다. 너는 앞으로 이 나라에서 나 다음으로 중요한 사람이 될 것이다."

요셉은 맡은 일을 잘해 냈어요. 하나님이 함께하셨기 때문이지요.

●● 예수님 생각하기

하나님이 요셉을 이집트로 보내셨어요. 하나님이 요셉과 함께하셨기 때문에 요셉은 중요한 일도 맡고 힘도 가지게 되었어요. 하나님은 요셉의 힘을 사용해 요셉의 가족을 비롯해 많은 사람을 도우셨어요. 예수님도 하늘나라에서 아주 큰 힘을 갖고 계셨어요. 하지만 하늘을 버리고 이 땅으로 오셨지요. 사람들을 죄에서 구하시기 위해서예요.

가스펠 준비

싱글벙글 환영해요

DVD "약속"(지도자용 팩)을 배경음악으로 튼다. 아이들을 반갑게 맞이하며 헌금과 기도를 도와준다. 예배 중 헌금 순서가 있다면 아이들이 헌금을 잘 간수하도록 돕는다. 가방과 외투를 정리하도록 안내한다. 새로 온 아이가 있다면 음수대와 화장실의 위치를 알려 주고, 보호자와 만나는 시간과 방법 등을 소개한다. 보호자들을 위한 안내문을 붙여 아이와 만나는 시간, 기다리는 장소, 헌금 방법, 아이에 대한 특별한 주의 사항을 교사에게 미리 알려 주기 등을 공지한다.

너랑 나랑 마음 열기

주제와 관련 있는 퍼즐이나 블록 등 아이들이 좋아하는 장난감을 몇 가지 비치해 두고 다양한 활동을 하며 예배를 준비하도록 돕는다. 아이들이 마음을 열고 오늘의 주제에 관심을 갖게 하며 예배에 집중할 수 있도록 도와준다. 교회 형편에 맞게 시간과 활동 방법을 조절한다.

꿈을 그려요 *

준비물 ▶ 도화지, 색연필(사인펜)

❶ 아이들에게 꿈을 꾸어 본 적이 있는지 질문하고, 어떤 꿈이었는지 나누어 본다.

❷ 자신이 꾼 꿈이나 꾸고 싶은 꿈에 대해 생각해 보고 그림으로 표현하게 한다.

인도자 오늘의 성경 이야기에서 우리는 몇 가지 꿈 이야기를 듣게 될 거예요. 어떤 꿈에는 꿈을 꾼 사람들에게 전하는 하나님의 메시지가 담겨 있었어요. 하나님은 요셉에게 꿈들의 의미를 알려 주셨고, 요셉은 그것을 꿈을 꾼 사람들에게 알려 주었어요. 어떤 내용의 꿈이었을까요? 함께 알아보도록 해요.

12까지 세어 보아요 *

준비물 ▶ 계란 판(12구), 유성 매직, 폼폼이

❶ 계란 판에 유성 매직을 이용해 1~12까지 숫자를 차례대로 써 놓는다.

❷ 아이들에게 폼폼이를 보여 준 뒤 잠시 동안 폼폼이의 색깔 및 촉감을 탐색할 수 있도록 한다.

❸ 계란 판에 적힌 숫자를 세며 1칸당 1개의 폼폼이를 넣게 한다.

tip 연령에 따라 '한 색깔의 폼폼이만 넣기', '다양한 색깔의 폼폼이 넣기', '색깔 패턴에 맞추어 넣기' 등 난이도를 조절해 활동한다.

인도자 숫자 12까지 정말 잘 세어 주었어요. 오늘의 성경 이야기에는 야곱과 그의 아들 열두 명이 나온답니다. 이야기를 들으면서 열두 명 중 야곱이 가장 사랑한 아들이 누구였는지 맞혀 보세요.

예배 대형으로 모이기

- 카운트다운 영상, 모이기 노래 등을 활용해 예배 대형으로 바꾸고 마음을 준비하게 한다.
- 공간을 이동해야 한다면 아이들이 입고 있는 옷의 색깔에 따라 성경 공부 모임 장소로 가도록 한다. 예를 들어 "파란색 윗도리를 입은 사람은 예배실로 가세요", 또는 "분홍 신발을 신은 사람은 예배실로 가세요" 등이다.

가스펠 설교

하나 — 들어가기

준비물 ▶ 다양한 그림책

성경과 다양한 그림책을 준비해 아이들이 볼 수 있도록 한다. 아이들에게 어떤 이야기를 가장 좋아하는지 물어본다.

혹시 누군가에게 특별한 선물을 받아 본 적이 있나요? 오늘의 성경 이야기에서는 아버지가 자기 아들들 중에서 단 한 명에게만 아주 특별한 선물을 주었대요. 그 일 때문에 다른 아들들은 몹시 화가 났지요.

둘 — 성경 이야기

DVD 창세기 37, 39~41장을 편다. 설교 영상(지도자용 팩)을 보여 주거나 이야기 성경을 들려준다.

이 세상에 성경보다 더 중요한 책이 있을까요? 성경은 이 세상을 통틀어서 가장 중요한 책이에요! 성경은 하나님의 말씀이고, 성경에 쓰인 이야기는 다 진짜이기 때문이에요. 오늘의 성경 이야기는 성경 맨 앞에 있는 '창세기'에 나와요.

셋 — 메시지와 정리

형들은 요셉을 노예로 팔았어요. 보디발의 아내는 거짓말로 요셉을 감옥에 가게 만들었고요. 감옥에서 요셉의 도움을 받았던 왕의 신하는 요셉을 잊어버렸어요. 요셉에게는 안 좋은 일들이 정말 많이 일어났네요. 하지만 이 모든 것은 **요셉을 이집트로 보내신 하나님의 계획**의 일부였어요. **요셉을 이집트로 보내신 분은 바로 하나님**이셨어요.

DVD 연대표(지도자용 팩)를 가리키면서 복습 질문을 한다.

1. 야곱이 가장 사랑한 아들은 누구인가요? 요셉
2. 요셉의 형들은 요셉에게 어떤 잘못을 저질렀나요? 요셉의 채색옷을 빼앗고 깊은 구덩이에 던져 넣었다가 이집트로 가는 상인들에게 노예로 팔았다
3. 보디발의 아내가 한 거짓말로 누명을 쓴 요셉은 어디에 갇혔나요? 감옥
4. 사람들이 꾼 꿈의 의미를 요셉에게 알려 주신 분은 누구이신가요? 하나님
5. 파라오는 요셉에게 어떤 일을 맡겼나요? 풍년과 흉년을 대비하는 일

넷 — 성경의 초점

요셉은 왜 자기에게 자꾸 안 좋은 일들이 생기는지 궁금했을 것 같아요. 하나님이 언젠가 가족들이 그에게 절을 하게 될 것이라는 꿈까지 보여 주셨는데 말이에요. **무엇이 하나님의 계획을 막을 수 있나요? 아무것도 하나님의 계획을 막을 수 없어요.** 요셉에게 일어난 좋은 일들과 나쁜 일들은 모두 하나님의 계획의 일부였답니다.

요셉은 외로웠을지도 몰라요. 하지만 사실 하나님은 늘 요셉과 함께 계셨지요. **하나님이 요셉을 이집트로 보내셨어요.** 하나님이 요셉과 함께하셨기 때문에 요셉은 중요한 일도 맡고 힘도 가지게 되었어요. 하나님은 요셉의 힘을 사용해 요셉의 가족을 비롯해 많은 사람을 도우셨어요. 예수님도 하늘나라에서 아주 큰 힘을 갖고 계셨어요. 하지만 하늘을 버리고 이 땅으로 오셨지요. 사람들을 죄에서 구하시기 위해서예요.

다섯 — 복음 초청

성경과 111쪽 복음 초청 가이드를 이용해서 아이들에게 그리스도인이 되는 법을 설명해 준다. 따로 상담해 줄 사람을 정해 주고 궁금한 점이 있으면 물어보도록 격려한다.

이 시간 예수님을 마음에 모시고 싶은 친구는 함께 기도해요.

여섯 — 기도

하나님, 요셉에게 일어났던 많은 일이 때로는 슬프고 괴로웠을지라도 결국 모든 것이 하나님의 계획의 일부였다는 것을 알게 되었어요. 아무것도 하나님의 계획을 막을 수 없어요. 요셉에게 하신 것처럼 우리를 통해 하나님의 선한 계획이 이루어질 것을 믿어요. 예수님이 십자가에 달려 죽으시고 다시 살아나셔서 우리를 구원해 주신 것 또한 하나님의 선한 계획임을 믿고 감사해요. 예수님의 이름으로 기도합니다. 아멘.

일곱 — 암송송

암송송(160쪽)에 맞추어 손유희를 하며 말씀을 익힌다.

"그 밤에 여호와께서 그에게 나타나 이르시되 나는 네 아버지 아브라함의 하나님이니 두려워하지 말라 내 종 아브라함을 위하여 내가 너와 함께 있어 네게 복을 주어 네 자손이 번성하게 하리라 하신지라"(창 26:24).

tip 전체 구절 암송이 어려운 경우에는 표시 부분을 발췌해 외워도 좋다.

알콩달콩 말씀 놀이

이집트로 간 요셉

준비물 ▶ 유치부 교재 26쪽, 색연필 / 유치부 교재 37쪽 요셉 인형, 낚싯줄, 클립, 종이, 셀로판테이프, 사인펜

❶ 요셉의 옷에 적혀 있는 숫자를 다 함께 읽어 본다.

❷ 각 숫자에 맞는 색깔을 칠해 멋진 채색옷을 완성하게 한다.

인도자 알록달록한 색깔이 참 예쁘네요! 오늘의 성경 이야기는 야곱의 아들 요셉에 관한 이야기였어요. 야곱은 요셉에게 아주 아름답고 색깔이 화려한 겉옷을 선물로 주었어요. 하지만 그 일 때문에 요셉의 형들은 화가 나서 아주 나쁜 짓을 저지르고 말았지요. 그 후로 요셉은 힘든 일을 겪었어요. 하지만 마침내 이집트에서 매우 중요한 사람이 되었답니다. 예수님은 하늘나라의 높은 자리에 계셨지만 사람들을 죄에서 구하기 위해 하늘을 버리고 땅으로 오셨어요.

이야기 나누기
- 왜 요셉만 채색옷을 입었나요?
- 요셉은 어떻게 이집트에 가게 되었나요?
- 이집트에서도 요셉과 함께해 주신 분은 누구이신가요?
- 하나님은 나와도 언제나 함께하시는 분이라는 사실을 믿나요?

❸ 예배실을 가로질러 낚싯줄을 붙이고 양쪽 끝에 '이집트'와 '가나안'을 각각 표시해 둔다.

❹ 유치부 교재 37쪽 '요셉 인형'을 떼어 머리 부분에 클립을 끼우게 하고, 차례대로 한 명씩 나와 가나안 쪽 낚싯줄에 요셉 인형의 클립을 걸게 한다.

❺ "요셉이 이집트로 갔어요!"라고 외치며 요셉을 이집트로 데려가 보게 한다.

tip 요셉이 갔던 다양한 장소(깊은 구덩이, 보디발의 집, 감옥, 파라오의 궁전 등)를 표시하고 낚싯줄을 여러 방향으로 붙인 후 요셉을 움직여 보는 것도 좋다. 이렇게 활동할 경우에는 아이들과 함께 각각의 장소 앞에 가서 어떤 곳인지, 무슨 일이 있었는지 이야기를 나누어 본다.

인도자 **하나님이 요셉을 이집트로 보내셨어요.** 이집트로 가는 요셉의 여행길은 신 나기만 하지 않았어요. 요셉은 어려운 일을 많이 겪었지만 언제나 하나님이 함께하셨어요.

하나님은 요셉에게 힘을 주셨고, 그 힘을 사용해 요셉의 가족을 비롯해 많은 사람을 도우셨어요. 예수님도 하늘나라에서 아주 큰 힘을 갖고 계셨어요. 하지만 하늘을 버리고 이 땅으로 오셨지요. 이 땅으로 오시는 일은 예수님께도 쉬운 일이 아니었어요. 하지만 예수님은 사람들을 죄에서 구하기 위해 그 일을 해 내셨답니다.

지도자를 따라가요 *

❶ 아이들 중 지도자를 정하게 한 뒤 지도자 뒤로 한 줄로 세운다.

❷ 지도자를 따라 움직이며 그의 여러 행동을 똑같이 따라 하라고 한다.
예) 앉았다 일어서기, 한 발로 뛰기, 손뼉 치기, 노래 부르기 등.

❸ 아이들이 돌아가면서 지도자의 역할을 맡을 수 있도록 게임을 여러 번 반복한다.
tip 연령에 따라 '지도자'라는 단어를 어려워할 경우 '선생님' 등으로 바꾸어 사용해도 좋다.

인도자 지도자는 책임을 지고 이끌어 나가는 사람이에요. **하나님은 요셉을 이집트로 보내셨어요.** 하나님은 요셉과 함께하시면서 그를 큰 힘을 가진 지도자로 세우셨어요. 하나님은 요셉의 힘을 사용해 요셉의 가족을 비롯해 많은 사람을 도우셨어요. 예수님도 하늘나라에서 아주 큰 힘을 갖고 계셨어요. 하지만 하늘을 버리고 이 땅으로 오셨지요. 사람들을 죄에서 구하시기 위해서예요.

친구를 격려해요 *

준비물 ▶ 하트 모양으로 자른 시트지(하트 모양의 포스트잇)

❶ 아이들을 둥글게 앉힌 뒤 '하트'를 여러 장 나누어 준다.

❷ 격려하는 마음으로 "하나님은 너를 사랑해", "하나님은 너와 함께하셔" 등의 말을 전하며 하트를 친구의 몸에 붙여 주라고 한다.

❸ 격려를 받지 못하는 아이가 없도록 여러 장의 하트를 모두 사용하게 한다.

인도자 **하나님이 요셉을 이집트로 보내셨어요.** 요셉은 이집트의 총리가 되기 전에 어려운 일을 많이 겪었어요. 우리도 가끔 슬픈 일을 당하거나 어려움에 처하기도 해요. 그때 우리는 서로를 어떻게 격려할 수 있을까요? "예수님을 보내 주신 하나님이 언제나 요셉과 함께하셨던 것처럼 우리와도 함께 계셔"라고 위로해 줄 수 있어요.

소곤소곤 꿀~꺽 간식

준비물 ▶ 알록달록한 색깔의 간식(공 모양의 뻥튀기 등), 그릇

❶ 카운트다운 영상, 정리하기 노래 등을 활용해 활동이 끝났음을 알린다. 아이들에게 주변을 정리하게 하고, 화장실에 가거나 물티슈 등을 이용해 손을 씻을 시간을 준다.

❷ 감사 기도를 드리고 알록달록한 색깔의 간식을 준다. 야곱이 열두 명의 아들들 중에 가장 사랑하는 아들인 요셉에게 알록달록 색깔의 채색옷을 선물해 주었고, 그 일로 요셉에게 일어났던 많은 일을 떠올려 준다.

❸ 간식을 먹은 후 마무리 정리를 잘하도록 지도한다.

오순도순 마무리

준비물 ▶ 유치부 교재 47쪽 메시지 카드, 소그룹 활동지, 파일

❶ 이번 주 메시지 카드로 부모님과 함께 오늘 배운 성경 이야기를 나누어 보라고 한다.

가족과 활동해요

- 주변에 어려움을 겪고 있는 가정이 있으면 가족과 함께 그들을 위해 기도하는 시간을 가져 보세요.
- 힘든 일을 돕거나 식사를 대접하는 등 그 가정을 섬겨 주세요.

❷ 소그룹 활동지를 떼어 파일에 끼우고 가방에 정리하게 한다.

❸ 아이들을 위해 기도한다.

인도자 하나님, 아무것도 하나님의 계획을 막을 수 없다는 것이 참 감사해요. 요셉의 모든 시간을 다스리신 것처럼 우리의 모든 시간도 다스려 주세요. 사람들을 죄에서 구하기 위해 예수님을 이 땅에 보낼 계획을 세우시고 이루어 주신 것도 감사해요. 예수님의 이름으로 기도합니다. 아멘.

❹ 아이를 데리러 온 부모에게 아이가 특별히 즐거워했거나 잘했던 활동들에 대해 이야기해 주고, 가정에서 성경 읽기와 가족 활동을 진행할 수 있도록 격려한다.

나만의 기록장

요셉의 채색옷 상상해서 그리기

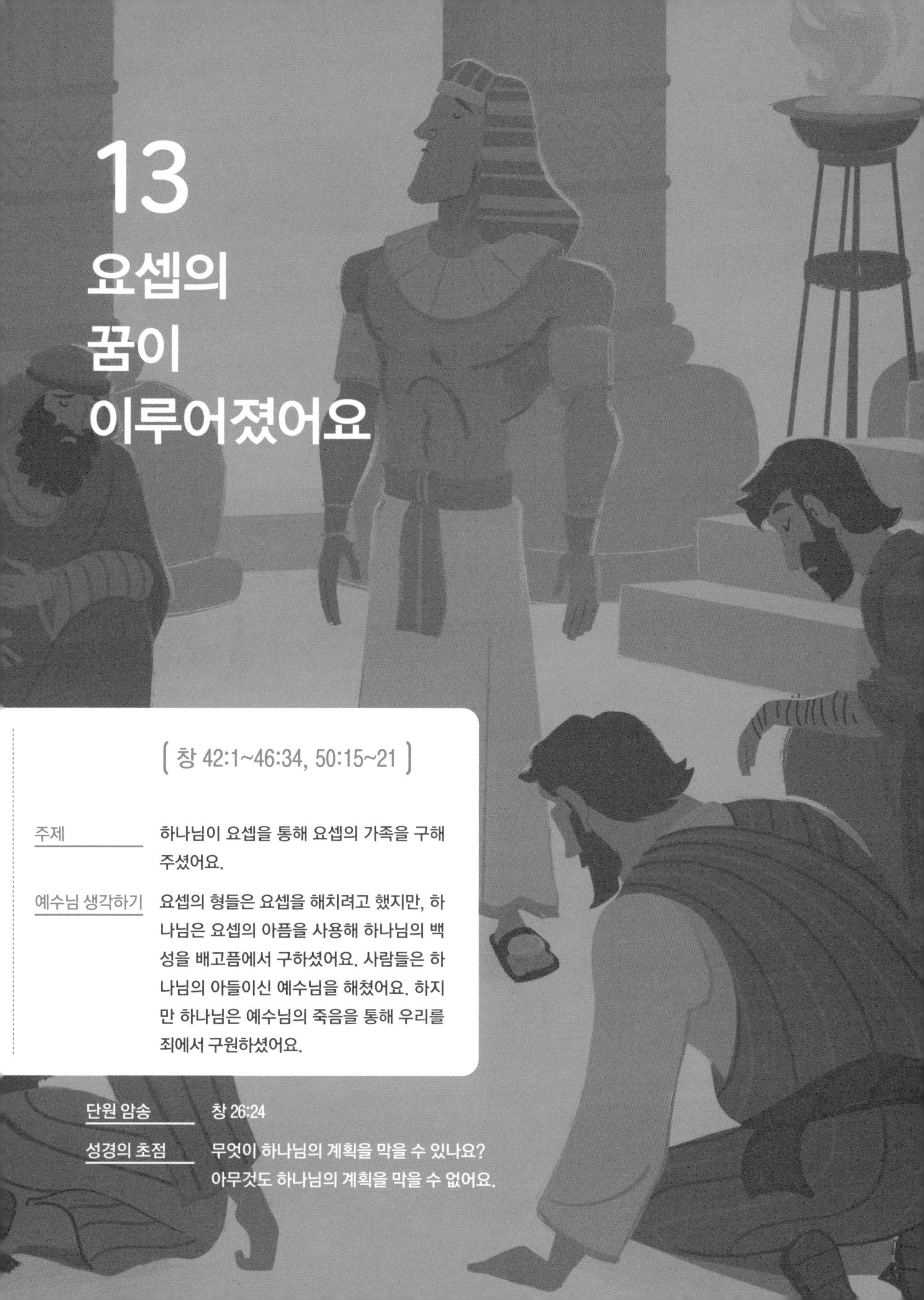

13 요셉의 꿈이 이루어졌어요

(창 42:1~46:34, 50:15~21)

주제 하나님이 요셉을 통해 요셉의 가족을 구해 주셨어요.

예수님 생각하기 요셉의 형들은 요셉을 해치려고 했지만, 하나님은 요셉의 아픔을 사용해 하나님의 백성을 배고픔에서 구하셨어요. 사람들은 하나님의 아들이신 예수님을 해쳤어요. 하지만 하나님은 예수님의 죽음을 통해 우리를 죄에서 구원하셨어요.

단원 암송 창 26:24

성경의 초점 무엇이 하나님의 계획을 막을 수 있나요? 아무것도 하나님의 계획을 막을 수 없어요.

본문 속으로

야곱과 그의 가족은 가나안에 살고 있었습니다. 하지만 한 명이 없었습니다. 야곱이 가장 사랑하는 아들인 요셉은 이집트에 있었습니다. 야곱이 모르는 사이에 요셉은 이집트의 총리가 되어 있었습니다. 가나안에 기근이 찾아오자 야곱은 아들들을 이집트로 보내 곡식을 사 오게 했습니다. 그 여행이 가족을 다시 만나게 해 주는 계기가 될 줄은 꿈에도 모른 채 말입니다.

야곱의 아들 열 명은 곡식을 사기 위해 이집트로 갔습니다. 그들은 요셉을 만났습니다. 요셉이 식량을 나누어 주는 일을 맡고 있었기 때문입니다. 요셉은 형들을 바로 알아보았지만, 형들은 요셉을 알아보지 못했습니다. 요셉은 형들을 여러 방법으로 시험했습니다. 그들을 가나안에서 온 정탐꾼들이라고 몰아세운 뒤, 무고함을 밝히고 싶으면 막냇동생 베냐민을 이집트로 데려오라고 명령했습니다.

야곱은 곡식을 더 사기 위해 아들들을 이집트로 다시 보내고 싶어 하지 않았습니다. 베냐민까지 딸려 보내는 것은 더더욱 싫었습니다. 야곱은 유다에게서 베냐민을 반드시 보호하겠다는 약속을 듣고서야 마지못해 그를 데리고 가는 것을 허락했습니다. 자신이 가장 사랑하는 아들 요셉을 잃고 가슴이 찢어졌던 야곱에게 막내아들까지 잃는 것은 상상조차 할 수 없는 일이었습니다.

마침내 요셉은 자신의 정체를 형제들에게 드러냈습니다. 죽은 줄로만 알았던 형제가 사실은 살아 있었으니 형제들의 충격이 얼마나 컸을까요? 게다가 이집트의 강력한 지도자가 되어 있다니요! 요셉은 자신의 권력을 가족을 구하기 위해 쓸까요, 아니면 형들에게 복수하기 위해 쓸까요?

요셉은 하나님이 왜 자신이 이집트로 팔려 가도록 내버려 두셨는지를 설명했습니다. 비록 형들은 요셉에게 해를 가할 의도였으나, 하나님은 선한 뜻을 가지고 계셨습니다. 요셉은 그의 가족에게 풍족하게 살 수 있는 이집트로 오라고 말했습니다. 그의 자손이 오랜 세월 동안 이집트에서 노예의 삶을 살게 될 줄을 요셉은 몰랐습니다.

죽기 전 요셉은 형제들에게 하나님이 야곱의 자손에게 하신 약속을 상기시켰습니다. "하나님이 당신들을 돌보시고 당신들을 이 땅에서 인도하여 내사 아브라함과 이삭과 야곱에게 맹세하신 땅에 이르게 하시리라"(창 50:24).

●● 티칭 포인트

하나님은 약속을 지키셨고, 하나님의 아들 예수님을 통한 인류의 구원 계획을 이스라엘이라는 나라를 통해 이루어 가고 계시다는 것을 아이들에게 알려 주십시오.

이야기 성경

요셉의 꿈이 이루어졌어요

창 42:1~46:34, 50:15~21

흉년이 들어 야곱의 집에 먹을 것이 모자랐어요. 가나안 땅에 사는 사람들은 모두 그러했어요. 다들 배가 고팠지요! 하지만 이집트에는 먹을 것이 많다는 소식이 들렸어요. 그래서 야곱은 아들 열 명을 이집트로 보내 먹을 것을 사 오게 했어요. 막내아들 베냐민만 집에 남았지요.

이집트에 도착한 요셉의 형들은 먹을 것을 판매하는 책임자인 요셉을 찾아가 절을 했어요. 형들은 요셉을 알아보지 못했지만 요셉은 누구인지 알아차렸어요! 오래전 자신을 노예로 팔아 버린 형들이었지요! 요셉은 이제 이집트에서 중요한 일을 하고 큰 힘을 가진 높은 사람이 되어 있었어요!

요셉은 형들에게 무섭게 말했어요. "너희는 우리 땅을 정탐하러 온 것이냐?" 형들은 "아닙니다! 저희는 한 형제입니다. 막냇동생은 집에 있습니다"라고 답했어요. 그러자 요셉은 이렇게 말했어요. "너희 말이 사실이라면 집으로 가 막냇동생을 데리고 오너라."

형들은 요셉이 준 곡식을 가지고 가족에게 돌아갔어요. 아버지 야곱에게 있었던 일을 이야기하자 야곱은 몹시 속상해하며 말했어요. "베냐민은 못 데려간다. 요셉도 죽었는데 아들을 하나 더 잃을 수는 없다." 하지만 가지고 온 음식이 곧 떨어지자 야곱은 베냐민도 함께 이집트로 가는 것을 허락할 수밖에 없었어요.

형제들은 먹을 것을 살 돈과 요셉에게 줄 선물을 함께 가져갔어요. 그들은 요셉의 집으로 가 요셉에게 선물을 주고 절을 했어요. 요셉은 형제들에게 맛있는 식사를 대접했어요. 그런 다음 하인을 시켜 형제들의 자루에 곡식을 담으면서, 베냐민의 자루에 은잔을 함께 넣으라고 했지요.

형제들이 가나안으로 떠나려고 할 때 요셉의 하인이 그들을 막아서며 말했어요. "왜 우리 주인님의 은잔을 훔쳤느냐?" 형들은 "우리는 훔치지 않았습니다! 우리 자루를 보십시오. 만약 은잔이 나온다면 우리가 당신의 노예가 되겠습니다!"라고 말했어요. 하인은 형제들의 자루를 하나씩 뒤지기 시작했어요. 그리고 베냐민의 자루에서 은잔을 찾아냈지요. 이럴 수가! 형제들은 슬펐어요. 베냐민을 이집트의 노예가 되도록 내버려 둘 수는 없었어요.

베냐민의 형 유다가 요셉에게 말했어요. "제발 저를 베냐민 대신 노예로 삼아 주십시오." 요셉은 하인들에게 모두 물러가라고 말했어요. 그리고 울면서 말했어요. "내가 바로 요셉입니다! 형들의 동생 요셉이에요! 형들은 나를 이집트에 팔았지만, 사실 나를 여기 보내신 것은 하나님이세요. 하나님은 흉년의 때에 여러분의 생명을 구하시기 위해 나를 먼저 이곳에 보내신 거예요. 집으로 가서 모든 가족과 재산을 챙겨 이집트로 오세요. 여기는 먹을 것이 충분합니다."

형제들은 집으로 돌아가 아버지에게 모든 일을 이야기했어요. 야곱의 모든 가족은 이집트로 갔지요. 야곱은 요셉을 끌어안고 기쁨의 눈물을 흘렸어요.

아버지가 돌아가시자 형들은 걱정이 되었어요. 자신들의 잘못 때문에 요셉이 벌을 내리면 어떻게 하나 하고 말이지요. 하지만 요셉은 그들에게 벌을 내리지 않았어요. 대신 이렇게 말했지요. "형들은 나를 해치려고 했지만 하나님은 그것을 좋은 일로 바꾸셨어요. 하나님의 계획은 선했고, 많은 사람의 생명을 살리는 것이었어요."

●● 예수님 생각하기

요셉의 형들은 요셉을 해치려고 했지만, 하나님께는 좋은 계획이 있었어요. 하나님은 요셉의 아픔을 사용해 하나님의 백성을 배고픔에서 구하셨어요. 사람들은 하나님의 아들이신 예수님을 해쳤어요. 하지만 하나님의 계획은 예수님의 죽음까지 사용해 우리를 죄에서 구원하시는 것이었어요.

가스펠 준비

싱글벙글 — 환영해요

DVD "약속"(지도자용 팩)을 배경음악으로 튼다. 아이들을 반갑게 맞이하며 헌금과 기도를 도와준다. 예배 중 헌금 순서가 있다면 아이들이 헌금을 잘 간수하도록 돕는다. 가방과 외투를 정리하도록 안내한다. 새로 온 아이가 있다면 음수대와 화장실의 위치를 알려 주고, 보호자와 만나는 시간과 방법 등을 소개한다. 보호자들을 위한 안내문을 붙여 아이와 만나는 시간, 기다리는 장소, 헌금 방법, 아이에 대한 특별한 주의 사항을 교사에게 미리 알려 주기 등을 공지한다.

너랑 나랑 — 마음 열기

주제와 관련 있는 퍼즐이나 블록 등 아이들이 좋아하는 장난감을 몇 가지 비치해 두고 다양한 활동을 하며 예배를 준비하도록 돕는다. 아이들이 마음을 열고 오늘의 주제에 관심을 갖게 하며 예배에 집중할 수 있도록 도와준다. 교회 형편에 맞게 시간과 활동 방법을 조절한다.

나는 보여요 *

tip 스무고개 게임을 변형한 활동이다.

❶ 아이들과 함께 예배실에 있는 다양한 물건의 종류를 살펴본다.

❷ 아이들 중 한 명을 술래로 정한 뒤 누구에게나 잘 보이는 물건들 중 하나를 골라서 "나는 그 물건이 보여요!"라고 말하게 한다.

❸ 나머지 아이들에게 차례대로 돌아가며 그 물건에 대한 질문을 술래가 답한 내용을 바탕으로 던진 후 정답을 맞히도록 한다.

❹ 정답을 맞힌 아이가 다음 술래가 된다.

tip 질문에 대한 설명을 하기 어려워하는 아이가 있다면 동작이나 소리로 표현하게 해도 좋다.

인도자 마음속의 생각을 친구들이 맞히니 참 재미있었지요? 정탐꾼은 이처럼 다른 사람이 숨기고 싶어 하는 모습을 몰래 보려는 사람을 말해요. 물론 우리는 재미있게 놀이를 한 것이지만 실제로 정탐꾼이 되어서 다른 사람이 숨기고 싶어 하는 것을 몰래 훔쳐보는 것은 나쁜 행동이라고 할 수 있겠지요?

오늘의 성경 이야기에서 요셉은 먹을 것을 사려고 이집트에 온 어떤 사람들에게 "혹시 이집트를 훔쳐보려고 온 정탐꾼이냐?"라고 물었어요. 그들이 누구였는지, 그리고 요셉이 왜 그렇게 물었는지 함께 알아보기로 해요.

패턴을 따라 만들어요 *

준비물 ▶ 두 가지 색깔의 색도화지를 잘라 만든 다양한 작은 정사각형

❶ 아이들에게 두 가지 색깔의 정사각형을 여러 장 나누어 주고 인도자도 가진다.

❷ 인도자가 여러 정사각형들을 이용해 패턴을 만들고 아이들에게 따라 해 보라고 한다. 패턴의 규칙을 스스로 발견할 수 있도록 지도한다.

❸ 아이들에게 자기가 원하는 패턴을 만들어 보라고 한다.

tip 연령에 따라 '패턴 빨리 만들기' 시합을 진행해 보아도 좋다.

인도자 여러분은 처음에 어떠한 규칙이 있는지 몰랐지만, 반복해서 만들어 보고 힌트를 얻으면서 규칙이 숨어 있다는 것을 알게 되었지요? 하나님은 요셉에게 언젠가 그의 가족이 그에게 절을 하게 될 것이라는 사실을 꿈을 통해 알려 주셨어요. 하지만 요셉은 하나님이 직접 보여 주시기 전에는 실제로 그 일이 어떻게 일어날지 알지 못했지요. 오늘의 성경 이야기를 통해 우리도 함께 알아보아요.

예배 대형으로 모이기

- 카운트다운 영상, 모이기 노래 등을 활용해 예배 대형으로 바꾸고 마음을 준비하게 한다.
- 공간을 이동해야 한다면 요셉에 관한 퀴즈를 내고 답을 맞힌 후 가도록 한다. 답을 잘 모르거나 어려워하는 아이들에게는 적합한 힌트를 준다.

가스펠 설교

하나 — 들어가기

여러분, 가끔 배가 고플 때가 있지요? 오늘의 성경 이야기에서 야곱의 가족도 배가 고팠대요. 그런데 그냥 저녁 먹을 때가 되어 배가 고픈 것이 아니었어요. 오랫동안 먹을 것이 없어서 배가 고픈 것이었지요! 하지만 하나님은 야곱의 가족에게 먹을 것을 줄 계획을 갖고 계셨어요.

둘 — 성경 이야기

DVD 창세기 42~46장, 50장을 편다. 설교 영상(지도자용 팩)을 보여 주거나 이야기 성경을 들려준다.

성경은 이 세상을 통틀어서 가장 중요한 책이에요! 성경은 하나님의 말씀이고, 성경에 쓰인 이야기는 다 진짜이기 때문이에요. 오늘의 성경 이야기는 성경 맨 앞에 있는 '창세기'에 나와요.

셋 — 메시지와 정리

아버지가 돌아가시자 요셉의 형들은 오래전 자기들이 요셉을 노예로 판 일 때문에 벌을 받을까 봐 두려웠어요. 하지만 요셉은 형들에게 벌을 주지 않았어요. 요셉은 하나님이 자기 가족을 구하려고 자신을 이집트로 보내셨다는 사실을 알고 있었거든요. 전에 일어났던 안 좋은 일들도 하나님의 계획의 일부였다는 것도요.

DVD '가스펠 프로젝트_하나님의 구원 계획' 영상(지도자용 팩)을 보여 주고 오늘의 성경 이야기도 하나님의 거대한 구원 계획의 한 부분에 속하는 이야기임을 상기시킨다. 연대표(지도자용 팩)를 가리키면서 복습 질문을 한다.

1. 야곱은 왜 아들들을 이집트로 보냈나요? 먹을 것을 사기 위해서
2. 요셉의 형들은 요셉이 누구인지 알아보았나요? 알아보지 못했다
3. 요셉이 형들에게 이집트로 데려오라고 한 사람은 누구인가요? 베냐민
4. 요셉이 자기 하인을 시켜 베냐민의 자루에 넣은 것은 무엇인가요? 은잔
5. 요셉은 형들이 자기에게 한 일 때문에 형들에게 벌을 주었나요? 아니다, 요셉은 그 일이 하나님의 계획의 일부라는 사실을 알고 있었다

넷 — 성경의 초점

오늘의 성경 이야기를 통해 우리는 하나님이 요셉에게 일어난 모든 안 좋은 일들을 좋은 일로 바꾸시는 모습을 볼 수 있어요. **하나님은** 요셉의 가족을 구하시기 위해 **요셉을 이집트로 보내신 것이었어요. 무엇이 하나님의 계획을 막을 수 있나요? 아무것도 하나님의 계획을 막을 수 없어요.** 사람들이 나쁜 짓을 하고 잘못된 선택을 해도 하나님의 계획은 변함없이 이루어져요. 이렇게 안 좋은 일을 좋은 일로 바꾸실 수 있는 분은 우리 하나님밖에 없답니다!

다섯 — 복음 초청

성경과 111쪽 복음 초청 가이드를 이용해서 아이들에게 그리스도인이 되는 법을 설명해 준다. 따로 상담해 줄 사람을 정해 주고 궁금한 점이 있으면 물어보도록 격려한다.

이 시간 예수님을 마음에 모시고 싶은 친구는 함께 기도해요.

여섯 — 기도

하나님, 요셉의 형들의 잘못된 행동도 하나님이 선한 일로 바꾸셨다는 사실을 알게 되었어요. 하나님의 계획은 어떤 상황 속에서도 반드시 이루어져요. 변함없는 하나님의 선한 계획대로 우리에게 예수님을 보내 우리를 구원해 주시니 감사해요. 예수님의 이름으로 기도합니다. 아멘.

일곱 — 암송송

성경에서 창세기 26장 24절을 펴고 큰 소리로 여러 번 따라 읽게 한다.

요셉의 형들은 요셉을 해치려고 했지만, 하나님께는 좋은 계획이 있었어요. 하나님은 요셉과 함께 계셨고, 요셉의 아픔을 사용해 하나님의 백성을 배고픔에서 구하셨어요. 하나님은 사람들이 하나님의 아들 예수님을 죽일 것을 알고 계셨어요. 하지만 예수님이 십자가에 달려 죽으심으로 하나님의 백성을 죄에서 구원하시는 것이 바로 하나님의 좋은 계획이랍니다.

암송송(160쪽)에 맞추어 손유희를 하며 말씀을 익힌다.

"그 밤에 여호와께서 그에게 나타나 이르시되 나는 네 아버지 아브라함의 하나님이니 두려워하지 말라 내 종 아브라함을 위하여 내가 너와 함께 있어 네게 복을 주어 네 자손이 번성하게 하리라 하신지라"(창 26:24).

tip 전체 구절 암송이 어려운 경우에는 표시 부분을 발췌해 외워도 좋다. 자원자에게 암송 구절을 외우게 하거나 암송송을 발표하게 해도 좋다.

알콩달콩 말씀 놀이

하나님의 놀라운 계획

준비물 ▶ 유치부 교재 28쪽, 39쪽 '하나님의 놀라운 계획 책 만들기', 37쪽 '요셉 그림 퍼즐', 가위, 색연필

이야기 나누기

- 아브라함으로부터 요셉까지 언제나 그들과 함께 해 주신 분은 누구이신가요?
- 무엇이 하나님의 계획을 막을 수 있나요? (아무것도 하나님의 계획을 막을 수 없어요.)

❶ 유치부 교재 39쪽에서 '하나님의 놀라운 계획 책' 만들기 도안을 떼어 뒷면을 펼친 뒤 접는 선을 확인해 부채 접기를 한다. 앞면의 첫 번째 칸부터 앞으로 한 번, 뒤로 한 번, 다시 앞으로 한 번 접으면 된다.

❷ 책이 완성되면 아브라함, 야곱, 요셉의 이야기의 특징을 살려 페이지를 꾸밀 수 있도록 지도한다.

예) • 아브라함 : 하나님이 준비해 놓으신 숫양 그리기
• 야곱 : 야곱의 사다리 그리기
• 요셉 : 37쪽 '요셉 그림 퍼즐'을 붙여 그림을 완성하고, 흐린 글씨 따라 쓰기

❸ 책을 넘기며 이야기를 나누어 보는 시간을 갖는다.

요셉아, 나 가도 돼? *

준비물 ▶ 컬러 박스 테이프

❶ 아이들에게 다양한 걸음걸이를 소개한다.
예) 아장아장 아기 걸음, 깡총깡총 토끼 걸음, 느릿느릿 할아버지 걸음 등.

❷ 아이들 중에서 한 명을 뽑아 '요셉' 역할을 맡긴다. '요셉'을 예배실 한쪽 끝에 세우고, 나머지 아이들은 '요셉' 반대편에 컬러 박스 테이프를 이용해 그어 놓은 출발선 뒤에 요셉과 마주 보게 한 줄로 세운다.

❸ 아이들에게 한 명씩 차례대로 "요셉아, 나 토끼 걸음(걸음걸이의 종류)으로 세 발자국(발자국 수) 가도 돼?"라고 허락을 받으라고 한다. 요셉이 허락하면 움직일 수 있다. 이때 요셉은 걸음걸이의 수를 제한할 수 있다. 예를 들어 "응, 토끼 걸음으로 한 발자국 가도 돼" 등이다. 가장 먼저 도착한 아이가 승자가 되고, 다음 '요셉'이 된다.

인도자 요셉은 가족들이 자기에게 절하는 꿈을 꾸었어요. 그 꿈은 그대로 이루어졌지요. **하나님이 요셉의 가족을 구하시기 위해 요셉을 이집트로 보내셨어요.** 하나님께는 좋

은 계획이 있었어요. 하나님은 요셉의 아픔을 사용해 하나님의 백성을 배고픔에서 구하셨어요. 사람들은 하나님의 아들이신 예수님을 해쳤어요. 하지만 하나님의 계획은 예수님의 죽음까지 사용해 우리를 죄에서 구원하시는 것이었어요.

가게 놀이를 해요 *

준비물 ▶ 장난감 계산대, 모형 돈, 모형 음식, 종이봉투 등

❶ 아이들이 오기 전에 예배실 한 곳을 가게로 꾸며 놓는다.

❷ 아이들과 가게 놀이를 할 때 필요한 규칙을 정한다. 음식의 가격을 정하고, 정해진 액수의 돈을 나누어 준다.

tip 가게에서 볼 수 있는 여러 사람들에 대해 이야기를 나누어 보고, 원하는 역할을 맡긴다.

인도자 야곱의 가족에게는 음식을 살 수 있는 가게가 없었어요. 그래서 야곱은 아들들을 이집트로 보내 음식을 구해 오게 했지요. 하나님은 **요셉의 가족을 구하시기 위해 요셉을 이집트로 보내셨어요.** 하나님은 요셉의 아픔을 사용해 하나님의 백성을 배고픔에서 구하신 거예요. 하나님은 사람들이 하나님의 아들 예수님을 죽일 것을 알고 계셨어요. 하지만 예수님이 십자가에 달려 죽으심으로 우리를 죄에서 구원하시려는 선한 계획을 가지고 계셨답니다.

색깔 점토로 음식을 만들어요 *

준비물 ▶ 색깔 점토, 점토 판

❶ 아이들과 함께 좋아하는 음식에 대해 이야기를 나누어 본다.

❷ 점토 판 위에 색깔 점토를 올린 후 좋아하는 음식을 만들어 보는 시간을 갖는다.

tip 점토를 사용하기 전에 아이들과 간단한 약속을 정해 활동하는 것이 좋다. 예를 들어, "장난치지 않아요", "점토 판 안에서만 만들어요" 등이다.

인도자 가나안에 먹을 것이 없었기 때문에 요셉의 가족들은 매우 배가 고팠어요. 하지만 **하나님은 요셉의 가족을 구하시기 위해 요셉을 이집트로 보내셨어요.** 하나님은 처음부터 좋은 계획을 가지고 계셨던 거예요. 하나님은 요셉의 아픔을 사용해 하나님의 백성을 배고픔에서 구하셨어요. 하나님은 사람들이 하나님의 아들 예수님을 죽일 것을 알고 계셨어요. 하지만 예수님이 십자가에 달려 죽으심으로 하나님의 백성을 죄에서 구원하시려는 것이 바로 하나님의 좋은 계획이랍니다.

tip 아이들과 함께 일정 기간 쌀을 모아 지역의 구호 단체에 기부해 보는 것도 좋다.

소곤소곤 꿀~꺽 간식

준비물 ▶ 쌀 뻥튀기, 그릇

❶ 카운트다운 영상, 정리하기 노래 등을 활용해 활동이 끝났음을 알린다. 아이들에게 주변을 정리하게 하고, 화장실에 가거나 물티슈 등을 이용해 손을 씻을 시간을 준다.

❷ 감사 기도를 드리고 쌀 뻥튀기를 간식으로 준다. 몇몇의 아이들에게 간식을 나누어 주는 일을 맡기고 옆에서 교사가 도와준다. 요셉은 흉년의 시기에 사람들에게 먹을 것을 나누어 주는 일을 맡았다는 사실을 다시 한 번 이야기해 준다.

❸ 간식을 먹은 후 마무리 정리를 잘하도록 지도한다.

오순도순 마무리

준비물 ▶ 유치부 교재 47쪽 메시지 카드, 소그룹 활동지, 파일

❶ 이번 주 메시지 카드로 부모님과 함께 오늘 배운 성경 이야기를 나누어 보라고 한다.

가족과 활동해요

- 먹을 것이 없었던 야곱의 가족을 생각하며 먹을 것을 모아 구호 단체에 기부해 보세요.

❷ 소그룹 활동지를 떼어 파일에 끼우고 가방에 정리하게 한다.

❸ 아이들을 위해 기도한다.

인도자 하나님, 아무것도 하나님의 계획을 막을 수 없다는 점이 참 감사해요. 하나님은 모든 것을 책임지시는 분이고, 하나님의 계획은 언제나 선해요. 예수님을 보내 사람들을 죄에서 구원하신 하나님의 선한 계획에 감사해요. 예수님의 이름으로 기도합니다. 아멘.

❹ 아이를 데리러 온 부모에게 아이가 특별히 즐거워했거나 잘했던 활동들에 대해 이야기해 주고, 가정에서 성경 읽기와 가족 활동을 진행할 수 있도록 격려한다.

나만의 기록장

요셉처럼 가족을 도울 방법 그리기

유아에게는 왜 다양한 학습 도구가 필요할까요?

최근 한 친절한 선생님이 좋은 의도로 충고를 하나 해 주셨습니다. 그분은 주일학교 공과 공부 시간에는 많은 학습 도구들을 꺼내 놓을 필요가 없다고 하셨습니다. 그 선생님이 충고하신 데는 여러 이유가 있었을 것입니다. 출석한 아이들이 몇 안 되었던 데다 일단 덜 꺼내 놓으면 치우기도 더 편할 것입니다.

하지만 저는 퍼즐, 장난감, 블록, 미술 재료 등 여러 학습 도구들을 준비하는 것이 재미있습니다. 여러 도구들을 준비하면서 빨리 성경 공부를 하고 싶다는 듯 즐거운 표정으로 유치부실 문으로 들어서는 아이들의 빛나는 눈을 생각합니다. 여러분도 아이들을 위해 자료를 준비하다가 조금 망설여질 때가 있다면 다음의 5가지 사실을 기억하십시오.

1. 하나님은 유아들을 서로 다르게 설계하셨습니다

아이들은 하나님이 창조하실 때 설계해 두신 각자의 학습 방법에 맞게 활동을 선택할 수 있어야 합니다. 신체 활동을 통해 배우는 아이들은 움직여야 합니다. 시각적으로 배우는 아이들은 볼거리가 필요하지요. 말과 관계를 통해 배우는 아이들은 말을 해야 합니다. 사색을 통해 배우는 아이들은 곰곰이 생각할 기회가 필요하고, 자연을 통해 배우는 아이들은 탐험할 기회가 필요합니다. 음악을 통해 배우는 아이들은 리듬과 음악이 필요하고, 논리를 통해 배우는 아이들은 구조가 필요합니다.

2. 다양한 학습 도구들을 통해 교사는 아이들과 더 많은 상호 작용을 할 수 있습니다

어떤 아이가 활동을 하나 더 하고 싶어 한다면 교사는 그 아이에게 생긴 새로운 집중력만큼 성경에 관한 이야기를 더 나눌 수 있게 됩니다.

3. 유아들은 집중하는 시간이 짧습니다

경험으로 보건대, 아이들의 집중력은 나이 한 살당 1분입니다. 그러니까 세 살짜리는 지속적으로 변화를 주지 않는 한 3분이 지나면 활동에 흥미를 잃어버립니다.

4. 할 일이 많으면 말썽을 덜 피웁니다

건설적인 일이 없을 때 유아들은 어떤 행동을 할까요? 맞습니다. 종종 파괴적인 일을 찾아냅니다!

5. 유아들은 호기심이 많습니다

다음 수업 시간에 사용할 학습 도구들을 모을 때 한동안 사용하지 않았던 장난감이나 퍼즐, 미술 도구 등을 최소한 하나는 준비해야 합니다. 신 난 아이들을 보면서 교사도 덩달아 신 날 것입니다!

이 글을 쓴 랜드리 홈스(Landry Holmes)는
LifeWay 어린이 사역부 매니저입니다.

왜 유아들의 이름을 외워야 할까요?

저는 최근에 아들들을 데리고 야구 캠프에 참가했습니다. 한 번도 만난 적이 없는 코치들이 운영하는 캠프였고, 참가하는 아이들의 수만 해도 100명가량 되었기에 저와 아내는 저희 아이들이 등한시되지 않을까 걱정했습니다. 수많은 사람 속에 있는 그냥 모르는 아이 두 명으로 대할까 봐 말이지요. 그 걱정은 곧 눈 녹듯 사라졌습니다.

캠프 둘째 날, 저희 부부는 모든 코치가 저희 아이들을 포함해 모든 아이의 이름을 알고 있다는 사실을 발견했습니다. 아이들이 한 명씩 도착할 때마다 코치들은 아이들의 이름을 부르며 맞아 주었고, 온종일 아이들의 이름을 부르며 교감했습니다. 그 많은 이름을 어떻게 그처럼 빨리 외웠는지는 모르지만, 어쨌든 그분들은 그렇게 했습니다. 아이들의 이름을 외우려는 코치들의 노력을 보면서 저희 부부는 그들을 크게 신뢰하게 되었습니다.

주일학교 사역이 배워야 할 교훈이 여기 있습니다. 교사들이 자기를 알고 있다는 사실을 아이들에게 알려 주는 것만큼 효과적인 주일학교 홍보는 없습니다.

"사람들은 남이 자기에게 신경 쓰고 있다는 사실을 알게 될 때 남에게 신경을 쓴다"라는 말이 있습니다. 이것은 유치부 사역에서도 어김없는 사실입니다. 교회에 아이들이 3~4명밖에 없든, 100명이 넘든 우리가 돌보는 모든 아이의 이름을 아는 것을 최우선 과제로 삼는다면, 아이들과 아이들의 가정을 돌보는 우리의 사역은 한층 깊어지고, 강해지며, 효율적이 될 것입니다.

한 사람, 한 사람의 이름을 불러 주며 아이들을 알아봐 주십시오. 이름을 적은 커닝페이퍼도 만들고, 교사들끼리 대회도 여십시오. 이름 외우기 게임을 개발하고, 필요하다면 이름표라도 만들어 어떻게든 외우려고 노력하십시오.

고백하건대 저도 그다지 이름을 잘 외우는 사람이 아닙니다. 하지만 제가 가르치고 교류하는 우리 반 아이들의 이름은 어떻게든 빨리 외우기로 작정했습니다. 아이들을 만날 때마다 이름을 불러 가며 인사하는 것이 제 목표입니다. 정말 대단한 차이가 있습니다. 교사가 자신을 알아보고 자신을 안다는 사실을 알기에 아이들은 훨씬 강력한 소속감을 느낍니다. 이름 하나 아는 것이 뭐 그리 대수냐고요? 그렇지 않습니다. 이름에는 관계의 모든 것이 들어 있기 때문입니다!

이 글을 쓴 척 피터스(Chuck Peters)는
LifeWay 어린이 부서의 마케팅과 미디어 부서의 담당자입니다.

가스펠 프로젝트 | 구약 커리큘럼

1권	2권	3권	4권	5권	6권
위대한 시작 창	**하나님의 구출 계획** 출, 레, 신	**약속의 땅** 민, 수, 삿, 룻, 삼상	**왕국의 성립** 삼상, 삼하, 왕상, 욥, 전, 시, 잠	**선지자와 왕** 왕상, 왕하, 대하, 사, 렘, 겔, 호, 욘, 욜	**돌아온 하나님의 백성** 단, 에, 느, 말
1단원 창조의 하나님	1단원 구출하시는 하나님	1단원 구원의 하나님	1단원 왕이신 하나님	1단원 계시하시는 하나님	1단원 보호하시는 하나님
1. 하나님이 세상을 창조하셨어요 2. 하나님이 사람을 창조하셨어요 3. 죄가 세상에 들어왔어요 4. 가인과 아벨이 제물을 드렸어요 5. 하나님이 노아와 가족을 구해 주셨어요 6. 바벨탑을 쌓던 사람들이 흩어졌어요	1. 모세를 부르셨어요 2. 이스라엘 백성은 재앙을 피했어요 3. 홍해를 건넜어요 4. 광야에서 시험을 치렀어요 5. 금송아지를 만들었어요	1. 약속의 땅을 정탐했어요 2. 놋뱀을 바라보았어요 3. 하나님이 여리고성을 주셨어요 4. 죄 때문에 아이성 전투에서 졌어요 5. 여호수아가 당부했어요	1. 이스라엘이 왕을 달라고 했어요 2. 하나님이 사울을 버리셨어요 3. 다윗이 골리앗과 맞섰어요 4. 다윗과 요나단이 친구가 되었어요 5. 하나님이 다윗과 언약을 맺으셨어요 6. 다윗이 하나님께 죄를 지었어요	1. 엘리야가 악한 아합을 꾸짖었어요 2. 엘리야가 이세벨을 피해 도망쳤어요 3. 하나님이 나아만을 고쳐 주셨어요 4. 하나님이 이사야를 부르셨어요 5. 이사야가 메시아에 대해 외쳤어요 6. 히스기야는 남 유다의 신실한 왕이었어요	1. 다니엘과 친구들이 하나님께 순종했어요 2. 사드락, 메삭, 아벳느고를 구하셨어요 3. 다니엘을 구하셨어요 4. 하나님의 백성을 고향으로 데려오셨어요 5. 성전을 다시 지었어요
2단원 언약을 맺으시는 하나님	2단원 거룩하신 하나님	2단원 다스리시는 하나님	2단원 지혜의 하나님	2단원 포기하지 않으시는 하나님	2단원 공급하시는 하나님
7. 하나님이 아브라함과 언약을 맺으셨어요 8. 하나님이 아브라함을 시험하셨어요 9. 하나님이 다시 약속하셨어요	6. 십계명 "하나님을 사랑하라" 7. 십계명 "이웃을 사랑하라" 8. 성막을 지었어요 9. 하나님이 제사의 규칙을 정해 주셨어요 10. 오직 하나님만 예배해요 11. 하나님의 언약을 기억해요	6. 사사들이 이스라엘 백성을 이끌었어요 7. 드보라와 바락이 노래했어요 8. 겁쟁이 기드온이 용사가 되었어요 9. 삼손에게 다시 힘을 주셨어요 10. 룻과 나오미를 보살펴 주셨어요 11. 하나님이 사무엘에게 말씀하셨어요	7. 솔로몬이 지혜를 구했어요 8. 지혜는 하나님께로부터 와요 9. 솔로몬이 성전을 지었어요 10. 이스라엘이 둘로 나뉘었어요	7. 하나님이 호세아를 통해 북 이스라엘에 사랑을 전하셨어요 8. 하나님이 요나를 통해 니느웨에 사랑을 전하셨어요 9. 하나님이 요엘을 통해 남 유다에 사랑을 전하셨어요	6. 에스더를 왕비로 세우셨어요 7. 에스더를 통해 하나님의 백성을 구하셨어요 8. 느헤미야가 예루살렘의 소식을 들었어요 9. 예루살렘 성벽을 다시 세웠어요 10. 에스라가 하나님의 율법을 읽었어요 11. 말라기가 하나님의 말씀을 전했어요
3단원 언약을 지키시는 하나님	※ 성탄과 부활		3단원 주권자이신 하나님	3단원 새롭게 하시는 하나님	
10. 야곱이 복을 가로챘어요 11. 하나님이 야곱에게 새 이름을 주셨어요 12. 요셉이 이집트로 팔려 갔어요 13. 요셉의 꿈이 이루어졌어요	**성탄절** 1. 왕을 기다려요 2. 천사가 마리아와 요셉에게 나타났어요 3. 예수님이 태어나셨어요 4. 동방 박사들이 왕께 경배했어요 **부활절** 5. 예수님이 예루살렘에 들어가셨어요 6. 예수님이 부활하셨어요		11. 솔로몬이 산다는 것에 대해 생각했어요 12. 욥이 고난을 받았어요 13. 하나님을 찬양해요	10. 하나님이 예레미야를 부르셨어요 11. 예레미야가 새 언약에 대해 예언했어요 12. 남 유다 백성이 포로로 잡혀갔어요 13. 에스겔이 앞날의 소망을 이야기했어요	

구약 1 성경의 초점과 주제

1단원 창조의 하나님

Q 하나님은 왜 세상을 창조하셨나요?
A 하나님의 영광을 위해 창조하셨어요.
Q 죄가 무엇인가요?
A 죄는 하나님의 법을 어기는 거예요.

1. 하나님이 모든 것을 창조하셨어요.
2. 하나님이 하나님을 닮은 모습으로 사람을 창조하셨어요.
3. 아담과 하와가 죄를 지었어요.
4. 하나님이 죄 때문에 가인에게 벌을 주셨어요.
5. 하나님은 거룩하세요.
6. 하나님은 하나님께 영광을 돌리게 하시려고 사람을 창조하셨어요.

2단원 언약을 맺으시는 하나님

Q 하나님은 무엇을 약속하셨나요?
A 하나님은 하나님의 백성에게 복을 주겠다고 약속하셨어요.

7. 하나님은 아브라함에게 복을 주겠다고 약속하셨어요.
8. 아브라함이 하나님을 믿었어요.
9. 하나님이 아브라함의 자손들에게 다시 약속하셨어요.

3단원 언약을 지키시는 하나님

Q 무엇이 하나님의 계획을 막을 수 있나요?
A 아무것도 하나님의 계획을 막을 수 없어요.

10. 야곱이 에서의 복을 가로챘어요.
11. 하나님이 야곱의 이름을 이스라엘로 바꾸어 주셨어요.
12. 하나님이 요셉을 이집트로 보내셨어요.
13. 하나님이 요셉을 통해 요셉의 가족을 구해주셨어요.

고린도전서 8:6

원곡 : 아름다운 이야기가 있네

편곡 : 김효정

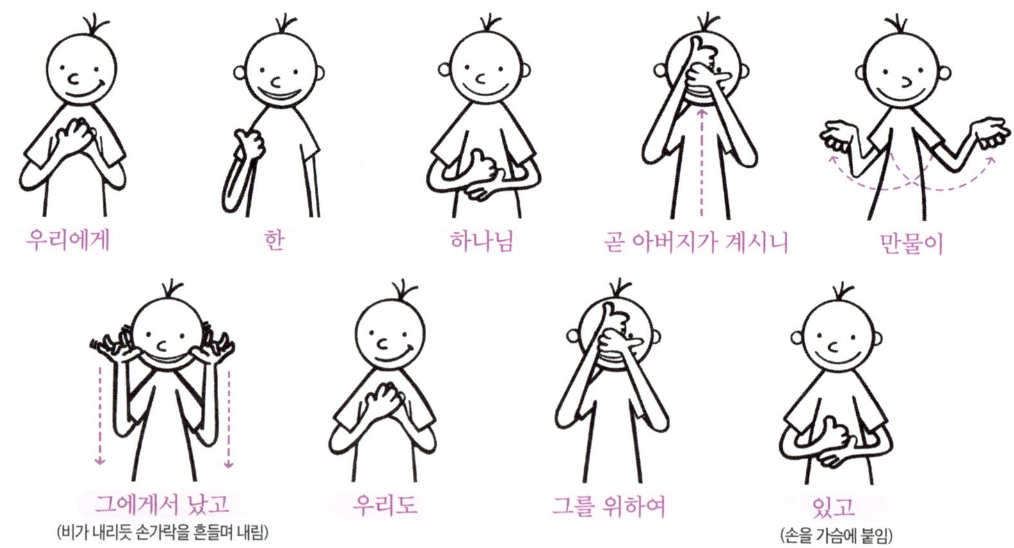

로마서 4:3

작곡 : 김효정

C Am7 Dm7 G7 C Am7 D7 G7
성 경 이 무 엇 을 — 말 하 느 냐 — 아 브 라 함 — 이 하 나 님 을 —
6
F C G7 C F C/E Dm7 G7 C
믿 으 매 그 것 이 그 — 에 게 — 의 로 여 겨 진 바 — 되 었 느 니 라

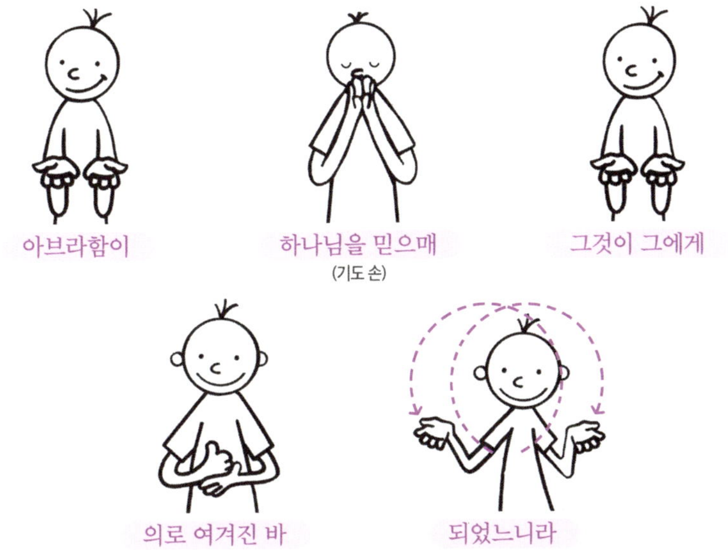
아브라함이
하나님을 믿으매
(기도 손)
그것이 그에게
의로 여겨진 바
되었느니라

창세기 26:24

원곡 : 나의 사랑하는 책

편곡 : 김효정

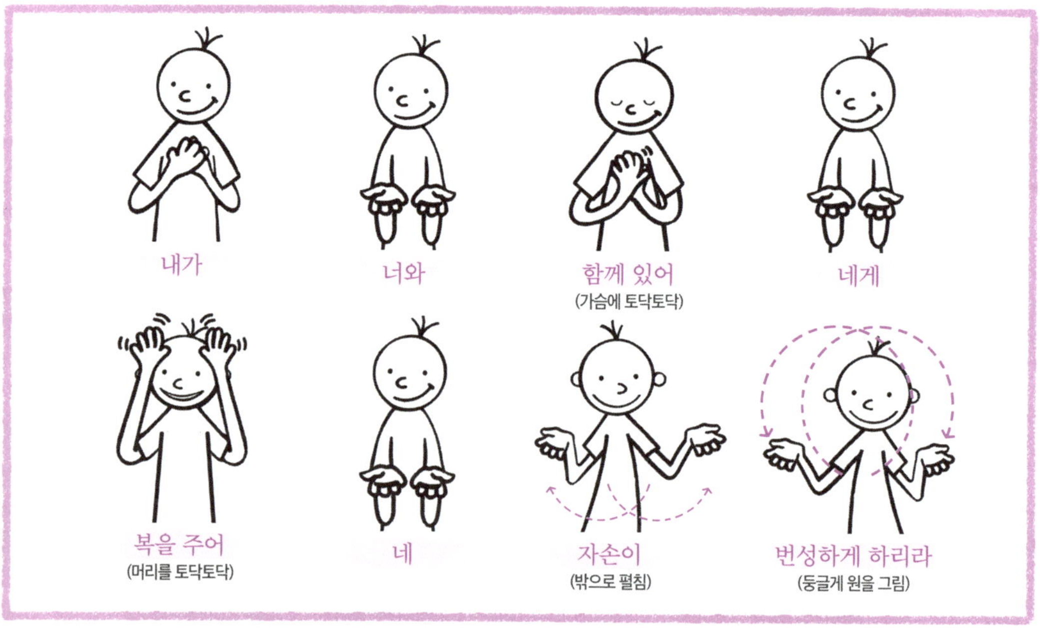

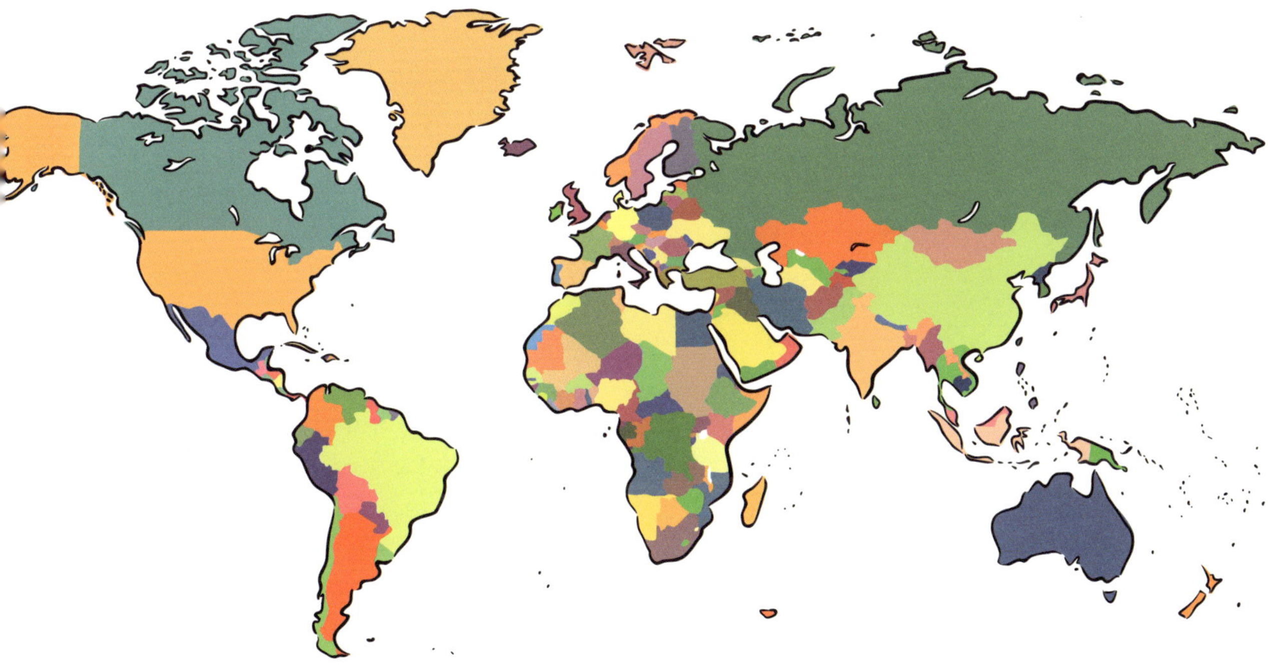